外国語学習限界突破法

MAKE A BREAKTHROUGH IN YOUR LANGUAGE STUDY

大川隆法
RYUHO OKAWA

まえがき

「底《そこ》なしつるべで水を汲《く》む」という話が仏教ではある。底がなければ井戸につるべを落としてロープで引き上げても、何滴《なんてき》かの水しか得られない。それでも一日中やっておれば、バケツ一杯分ぐらいの水をためることはできる。

長年、語学学習をやっておれば、似たような経験をした方は多いだろう。また何回もチャレンジしても語学の資格試験の壁を破れないということもあるだろう。その時に、「自分は才能がないんだ。バカなんだ。」とあきらめてしまわないことである。語学はやれば確実に力が伸び、何年かサボれば間違いなく学力の落ちるフェアな学問である。多言語をマスターしようとすれば、何本かの竹ざおの上で皿廻《さらまわ》しをやっているような感じになるだろう。自分を励ましつつ、努力を続け、最後は勇気をもって谷を飛ぶことだ。「恥《はじ》の文化」といわれる日本文化を超えることだ。自分より優れた人を嫉妬せず、自分の生まれ、育ち、環境のせいにせず、ひたすら一ページでも一分でも攻め込んでいくことだ。チャンスは必ず巡ってくるものだ。

二〇一四年　九月三日

幸福《こうふく》の科学《かがく》グループ創始者兼総裁《そうししゃけんそうさい》
幸福《こうふく》の科学大学創立者《かがくだいがくそうりつしゃ》　大川隆法《おおかわりゅうほう》

外国語学習限界突破法　目次

外国語学習限界突破法

二〇一三年十月十二日　説法
東京都・幸福の科学総合本部にて

4

英語力を維持・向上させるには　114

あとがき

外国語学習限界突破法

二〇一三年十月十二日　説法
東京都・幸福の科学総合本部にて

1　英語の基本は文法だ

司会　本日は、「外国語学習限界突破法」と題し、大川隆法総裁より、質疑応答形式で法話を賜《たまわ》ります。質問のある方は挙手《きょしゅ》をお願いします。

A――　本日は、まことにありがとうございます。

高校英語でつまずいている生徒を念頭に、質問させていただきます。

中学英語までは比較的ついていける生徒であっても、高校に入ると、高校英文法あたりでつまずき、急に英語が難しく感じられ、苦手になるケースがかなり多いように思います。

そういった生徒に向けて、学習のアドバイスなり、秘訣《ひけつ》なりを教えていただければ幸いです。よろしくお願いします。

なぜ高校から急に英語が難しくなるのか

大川隆法　高校英語から来ましたか。確かに、それはあります。私の身近でも経験があります。

中学ぐらいまでは、クラブ活動をしながら流していても何となくついていけたような人でも、高校では、まじめに勉強に取り組まないと、急に落ちこぼれ始めることがあるのです。やはり、レベルは一段上がります。

その上がり方とは、一つには、「英単語の数が増えるとともに、その難しさが少し上がってくる」ということであり、もう一つには、「文法のレベルで、日本語文法にはないものが入ってくることが増えてくる」ということでしょう。英語には、日本語ではしない言い方があるのです。

つまり、高校英文法を学ぶことによって初めて、「英語型の日本語」というものを勉強するのです。いわゆる「英語を勉強した人でないと書かないような日本語」が登場し始めるのです。話したり書いたりするもののなかに、「英文法を知っている人の日本語」が出てくるようになって、日本語自体も変形するわけです。

通常の会話とは違う日本語が出てきます。英語学習が入らなければ、そもそも発生しない日本語として、仮定法のようなものとか、完了形風のものとか、未来進行形等の進行形風のものとか、未来予言風の言葉とか、いろいろなものが出てき始めるのです。

そういう意味で、「日本語的な言い回しとして考えると、話したり書いたりしないような日本語」に当たる英語が出てき始めます。これが引っ掛かってくる原因の一つです。

基礎を固めずに、難しいものに手を出すのは危険

これについては、教師のほうの腕のよし悪《あ》しによって差が出てきます。「日本語としては使わない表現の仕方を使えるようにするために、どのように教えるか」というところで、生徒の頭に入る場合と、入らない場合とがあるのです。

ただ、「教師自身の英語の学力」と「教える能力」とが対応しているかどうかは疑問です。

というのは、私の次男は名門進学校に通っていましたが、やはり、同じように、中学英語から高校英語に上がるあたりで、英語につまずいたのです。英語の先生は、クラスの担任でもあって、東京外国語大学の英語科を首席で卒業した人だっ

たらしいのですが、要するに、その人の英語の授業が分からなかったわけです。その先生は、背伸びをしているつもりはなく、当たり前のことをしているつもりだったのでしょうが、「名門進学校の生徒に、日本の普通の参考書や問題集のレベルの英語を教えるのは退屈だし、生徒も気の毒だ」と考えたらしく、イギリスの高校の教科書を取り寄せて、それで英語を教えたりしていました。

ところが、英語ばかりで授業をしているかと思うと、日本語ばかりで授業をするというように、気まぐれに変わったそうです。日本語で英語論を語ってみたり、英語ばかりで授業をしてみたりと、そういう感じだったらしいのです。

おそらく学力が高いのでしょう。東京外国語大学の英語科で首席だったという人ですから、本当は学者にならなければいけない人なのだと思います。しかし、何らかの都合で、大学に席が空《あ》いていなかったのでしょう。大学の講師待ちのような人が名門進学校に英語や数学などの担当教員として来ることは、よくあるのです。

「学力がない」とは言えません。おそらく、あるのだろうと思いますが、「教え方がうまい」とは必ずしも言えないのです。

普通の高校生が学ぶような高校英文法をきちんとやらずに、イギリスの高校の英語の教科書をそのままやったら、そうは言っても難しいでしょう。それは、「普通の日本人が学ぶ英文法は、各自、自分で勉強されたし」と言っているのと同じだからです。

その先生は、「各自がそれをやった上で、授業料も高いことだし、せっかくだから、もう少し難しいことを教えてあげようか」と思い、親切でやってくれているのでしょうが、基礎の部分をやらずに難しい部分だけをやると、生徒のほうは何をやっているかがチンプンカンプンになり、普通の易《やさ》しい教科書を教わっている生徒よりも英語ができなくなってしまうのです。

次男も、積み上げがないために、「分からないことに耐えているだけ」ということが増えて、当時、英語が苦手になっていました。

その場合は、むしろ、「英語の発音が下手で英会話が十分にできないけれども、きちんとした英語の受験勉強をやった」という先生に教わったほうが、おそらく理解は進むだろうと思います。そういう先生は、「どこが難しくて、どこが難しくないか」が分かるからです。

そういうことがあるので、あまりに高等すぎてもいけないのかなという感じはします。

ただ、学力が余っているような人とかであれば、そのくらいやってくれたほうが刺激《しげき》があり、授業中、寝ないで助かるかもしれません（笑）。外国の教科書をやってくれれば、寝ないで済むところはあるでしょう。

塾で先に予習している生徒の場合、「学校の教科書なんてバカバカしい」と思って、授業中、寝てしまい、先生の話を聴いてくれません。高一の授業で高一レベルのものをやると、「こんなのは、もう二年前にやった」と言って寝てしまうのです。あるいは、〝内職〟して、数学の問題を解くなど、他の科目をやったりするのです。先生としては、それがたまらないので、日本では売っていないような教材でやりたがるのでしょう。

しかし、結局、学力的に見れば、公立高校等で使っているような教科書できちんと勉強している人のほうが、中学から高校に上がる段階で上になってくることがあるのです。

日本の英語学習法は、百数十年かけて確立されてきた

中学から高校に上がる段階でミスをすると、そのあと、伸びないことがありま

す。

要するに、異文化は異文化なので、外国人としての分《ぶん》はわきまえなければいけないと思うのです。

「外国人としての分をわきまえる」ということは、「『最初から、ネイティブが習うような習い方さえすれば、学力が高くなる』と思うのは間違いだ」ということです。

思考方法も文法も全部違うために、勉強に苦しんでいるわけです。先人たちは、そうした経験をした上で、「どうすれば、外国人である自分たちが、外国語である英語を勉強できるようになるか」ということを工夫して、参考書などをいろいろとつくってきたのです。日本の英語学習法は、明治以降、百数十年の伝統があって、確立されてきたものなのです。

そして、日本の英語の参考書は、韓国語や中国語に訳され、向こうで使われています。最初、韓国は、日本の参考書を、日本語をハングルに直しただけでそのまま使っていましたが、「だんだん使いにくくなってきたし、学力も少し上がってきたので、韓国で焼き直して参考書をつくり直そう」ということで、最近では、日本の参考書をもとに、韓国に合わせてつくり変えたものが出ているようです。中国も同じような状況です。

実は、英語学習法を確立したのは、ある意味では日本人なのです。外国語としての英語を、どのようにして母国語で学習できるようにするか。これは、「漢文を書き下《くだ》し文にし、日本語にして読んでいく」という伝統があったために、同じやり方が英語にも使えたということです。

そういう意味で、日本式の文法の勉強の仕方をあまりバカにしないでいただきたいと思います。

「英語で授業をすること」や「英語社内公用語化」の落とし穴

今は、外国に留学できるタイプの英語をやたらと唱道《しょうどう》する人がいて、「そうでなければ使いものにならない」と言って、教育に対しても、そういう方向になるように働きかけているようです。

昨日（二〇一三年十月十一日）読んだ新聞には、次のような記事が載っていました。これは毎日新聞にしか載っておらず、他紙には載っていなかったので、スクープかもしれないし、記者が個人的に聞いたものなのかもしれませんが、一面のトップに、「大学入試センター試験を改善して、結果を点数別からA・B・Cといった大まかな段階のグレード別にする。今、各校で行っている二次試験は原則廃止にして、面接試験に変える」というような記事が載っていたのです。

もし、そうしようとしているのであれば、その意図として考えられることは一つです。「一次のセンター試験をグレード切りにして緩《ゆる》くし、二次試験を面接だけにする」という場合、それは、「ＴＯＥＦＬ《トーフル》等を打ち込む」という場合しか考えられないのです。

ＴＯＥＦＬ等を大学入試で使うとすれば、従来《じゅうらい》の英語とは違って勉強量が多く、時間がかかるため、英語に比重をすごくかけなければいけません。「ほかの科目を楽にしないと、ＴＯＥＦＬ等の導入はできない」ということが想定されるのです。

つまり、あの記事は、「英語以外の科目は、センター試験レベルまででよいです。あとは、面接で人物を見ます。あるいは、小論文はするかもしれません。いずれにせよ、ＴＯＥＦＬ等を導入したら、英語は、従来の何倍も勉強量が要《い》ると思うので、そのようにしたい」と考えている人が発信した情報ではないかと推定されるのです。

実際、あれは、毎日新聞の記者が書いたもので、ほかの新聞には載っていなかったので、そうではないかと思われます。

しかし、おそらく、他の科目の先生がたの〝反乱〟が起きて、潰《つぶ》される可能性が高いと私は見ています。「ネイティブばりの英語を覚えようとしたら、ほかの教科を潰さなければいけないぐらい、時間がかかってしまう」というのは事実であり、学習体系をそうとう変えるので、実現するのは、けっこう厳しいものがあると思います。

今、大学では、「授業をすべて英語で行い、英語でノートを取り、試験も英語で行う」というようなところが人気が高く、入るのも非常に難しいのですが、英語を研究したというか、教えている人たちも、そのやり方には限界があることを認めています。

それは、「浅くなる恐れがある」ということと、「英語では教えられない部分がどうしても残る」ということです。その意味で、彼らは「国語を軽視したらいけない」ということも言っています。

例えば、日本史を英語で教えるのは、かなり厳しいでしょう。日本史を英語でどのようにして教えるのでしょうか。外国人に日本史を教えるようなレベルにしかならないと思います。日本人に日本史を教えるなら、ディテール（細部）にまで入《はい》れますが、英語で日本史を教えるなら、やはり、外国人に教えるぐらいのレベルにしかならないでしょう。

ハーバード大学の人気講師に、「ザ・サムライ」という授業で日本史を教えた、三十代前半の日本人女性の講師がいましたが、その人は、本当は日本史が専門ではなく、大学では理系の学部を卒業して、大学院で歴史を少し勉強したぐらいの人です。そういう人が教えている日本史なので、内容を見たら、完全に〝インチキ日本史〟で、外国人が興味・関心を持つようなところばかりを中心に教えているのです。

「京都を中心に教えておけば、だいたい関心を持つだろう」ということで、京都観光に使えるような歴史を引っ張ってきて、それを英語で教えるぐらいで済ませているわけです。

日本で教えたら当然通用しないレベルですが、ハーバードの学生は、その程度で満足して、「よく分かる英語の授業だ」と言って喜んでいたので、もう、相手にしていられない感じです。

やはり、「英語でできるもの」と「できないもの」とが、基本的にはあるということです。

それから、英語を話せる人であっても、科目によって学力の深さには違いがあるでしょうから、「自分が使える英語の範囲内でしか教えられない」ということがあると思います。

つまり、難しい議論のところまで入れずに終わるところがあるので、「英語で授業をすることは、万能ではない」ということです。ここに、若干《じゃっかん》の間違いがあるような感じがします。

実業界にも、「英語社内公用語化」を主張している人がいますが、会社の宣伝も兼ねてやっているようなところがあるので、完全には乗り切れません。私も外国語学習についてずいぶん説いていますが、完全に乗り切ってはいけない部分もあるのではないかと感じています。それは、他の教養の部分が落ちる可能性があるからです。

まずはオーソドックスに高校英文法を勉強しよう

日本人が伝統的に百年以上かけてつくった「英文法学習法」というのは、一般の人には知られていませんが、英語学の天才たちが数多く出てきて、そうとう積み重ねてきたものです。「どうすれば、本来、習得不可能な外国人が、異種言語をマスターできるか」と考えて知恵を絞《しぼ》り、つくり上げてきたものなのです。

ですから、教科書や参考書には出来・不出来に差がありますが、一定の定評のある人が書いたものや、ロングセラーを続けているようなものであれば、一定のレベルまでいっていると思うので、まずはオーソドックスに、高校英文法として出ているものをやってください。

進学校や名門校に通っている人も大勢いると思いますが、背伸びしないで、まずは、それをやってください。

もし、前倒しして英語を勉強するならば、中学校のレベルで、高校英文法をオーソドックスにきちんとやってください。

教科書や参考書を一回だけ読んで覚えられる人はまずいません。日本人の知性ではありえないのです。日本語と英語とでは考え方や思考のパターンが違うので、「そういう考え方をするのか」という衝撃《しょうげき》がまずあるのです。

例えば、英語には無生物主語《むせいぶつしゅご》が出てきます。

無生物主語は、日本語ではあまり使いません。英語を勉強した人は、そうした文章を小説で書くようなこともありますが、一般にはないのです。

「十分の散歩が、私をその公園に導いた」。日本語に訳せば、そういう文章になる英語が実際に成り立つわけですが、日本語としては少しおかしいです。こういう日本語はありえません。しかし、英語では、そういう発想をしないと、文をつくれないことがあるのです。

これは、一つの頭脳訓練だと思ったほうがよいでしょう。この、思考パターンを変える訓練のために、先人たちが文法をいろいろとひねくり回して、つくり上げてきたのです。これは、「漢文を書き下し文にしてから解釈する」というのと、同じパターンです。

やはり、日本で勉強しているのであれば、一応、その流れに乗って、日本語の参考書を選んで勉強したほうがよいし、学力を確認したければ、問題集をやってもよいでしょう。それから、少し高等なものに手を出してもよいと思います。

「英文法」より先に「英会話」を学んだ人の注意点

とにかく、今の日本の学習の問題は、「『早くやりさえすれば勝ち』という考えがあるため、『前倒し、前倒し』にいく」ということです。

今、英語は、小学校まで下ろしていって、あるいは、幼稚園まで下りているかもしれませんが、前倒しでやろうとしていますけれども、前倒しでやればやるほど、難しいことが教えられないので、いわゆる日常会話レベルのスキルが評価される傾向が強くなると思います。

ところが、「自分は、会話レベルのスキルで、かなり英語ができるようになっている」と思っている人は、文法書のようなもので、毎日、何ページかずつ勉強を進めていくような、緻密《ちみつ》で、非常に退屈な作業に耐えられないのです。

英語をペラペラ話せても、本当はレベルが低く、千語ぐらいでペラペラ話しているだけなのですが、発音がよくてほめられるので、「自分は会話ができている」と思ってしまうのです。そういう人は、文法を種類ごとに少しずつ詰めていくようなことが、退屈に感じるのです。

しかも、学校のテストで問題を出されると、けっこう間違い始めるのですが、自分の英語を直されると、腹が立ってくるようです。「私は英語がペラペラなのに、文法をたくさん直される。英語をしゃべれない先生のくせに」と思って、怒《おこ》るわけです。

それで、何となく英語と相性《あいしょう》が悪くなったりして、自分流にやりたくなってくるのです。そのあたりを気をつけなければいけません。

もちろん、外国に留学したり、仕事で行ったりした人のほうが、話したり、聞いたりする能力は、一般的に上です。それは間違いなく上です。

ただ、「学習レベルを積み上げていく」ということで言うと、普通の日本人が踏んでいるプロセスをスキップすると、そのあとで難しいものを勉強しようとしても、積み上がらないことがあります。基本的な英文法をカチッと押さえないと、積み上がらないことがあるのです。

日本語にはない言い回しをするところは、念入りに勉強を

　特につまずくのは、日本語文法には出てこないような文法の形式だと思います。英語には、完了形とか、過去が二重に出てくる大過去《だいかこ》とか、過去の進行形とか、未来の進行形とか、日本語には普通ないような部分があるのです。

　いちばん引っ掛かるのは、もちろん、関係代名詞でしょう。日本語も影響を受けて、〝関係代名詞〟が入ってき始めています。「〇〇するところのものが……」とかいう言い方が日本語に入ってきていますが、もともと、このような日本語はありません。英語を勉強した人が多くなってきたら、〝関係代名詞〟が出てきて、「〇〇するところの……」とか言ったりしますが、これは、英語の影響が出ているのです。日本語が変化し、変質してきているわけです。

ただ、関係代名詞等は、やはり、基本的には分かりにくいです。

それから、完了形も、さらに進行形が絡《から》んでくると、考え方としては分かりにくいです。不定詞、動名詞、無生物主語等も、考え方としては分かりにくいところがあります。

また、タグ・クエスチョン（付加疑問文）のように、文尾《ぶんび》に付けて、意味を引っ繰り返してくるようなものは、日本人にはけっこうきついです。あれは、日本人とは思考が逆になっていて、日本人の場合、「イエス」「ノー」がよく逆になるので、思考的についていけないところがあります。

私も、あれにはどうしても引っ掛かります。最後に逆を言われると、日本人は、答えがイエスかノーかで、どうしても引っ掛かるのです。これは厳しいです。反対に答えてしまい、相手が怪訝《けげん》そうな顔をすることもよくあります。

このように、英語独特の言い回しがあるので、引っ掛かっているのは、おそらくそこだろうと思います。

ですから、日本語にはないような言い回しをする英文法のところは、特に念入りに時間をかけて、〝塗《ぬ》り込む〟ことが大事です。日本語とそう変わらないようなところは、普通の勉強と同じやり方でよいでしょうが、引っ掛かるところは確実に出てくるのです。

助動詞もそうです。日本語的には出てきにくい考え方なので、この使い方も難しいです。

前置詞の考え方も、一般にはかなり難しいです。日本語であれば、何でもよいような部分もあり、「を」でも、「へ」でも、「の」でも、「は」でも、別に何でも構わなくて、通じることは通じるのです。ところが、英語では、「どの前置詞をつけるか」というところで、難しい部分があります。

こうした日本語的用法ではあまり厳密でないところは、緻密《ちみつ》な頭脳訓練としてやらなければいけません。

易《やさ》しいものでも繰り返しやれば、実力がつく

もし、今、自分が勉強しているものが難しければ、背伸びをしないで、遠慮せずに、分かるレベルまでレベルを下げたらよいと思います。

書店に行けば、いろいろなレベルのものが数多くあるので、まず、自分に合うレベルをいったん固めてから、その次に、自分の所属する学校なり、通っている塾なりに通用するレベルのものをやるとよいでしょう。

そこまでいっておらず、落ちこぼれているなら、低いレベルで構わないので、中学英語の延長上でやれるあたりのところを、きっちりやったほうがよいのです。

易しいものでも繰り返し何回もやれば、実力がついて、確実にできるようになり

ます。

例えば、東大入試の英語は、合格点が五、六割ぐらいですから、けっこう難しい内容になっています。ずいぶん昔の話になってしまいますが、私が学生の頃、外国人が東大入試の英語を解いたら、「半分以上取るのは難しい。文法とか熟語とかが分からない」と言っていました。

逆に、私たちが日本語検定一級を受けても、おそらく、けっこう難しく感じるでしょう。受けていないので分かりませんが、難しい漢字や熟語などがたくさん出てくるのだろうと思います。

同様に、東大の入試にも、外国人というか、ネイティブが見ても難しいような表現が数多く出題されているのでしょう。合格点をその程度にするには、そのくらい難しくなければならないからです。

ただ、そういう大学を目指している人でも、高一レベルぐらいでは、「易しい基礎英語風の、きちっとした参考書のようなものを、十回ぐらい繰り返してやった」という人のほうが、そのあと、学力が伸びてくることが多いのです。そこで、あまり背伸びをしすぎると、やや厳しいと思います。

以前、『教育の法』や『英語が開く「人生論」「仕事論」』(いずれも幸福の科学出版刊)にも書きましたが、私は高二のとき、少し背伸びをして、東大名誉教授の朱牟田夏雄《しゅむたなつお》が書いた『英文をいかに読むか』という本を三回ぐらい繰り返し勉強したのですが、その結果、『基礎からの英語』を十回勉強した人に、英語の成績で逆転されたことがあります。「えっ、そんなバカな」という感じです。

『基礎からの英語』は、高一のときに使っていた易しい参考書だったのですが、それほど易しいものでも十回繰り返した人のほうが、英語の実力テストをしたら、成績が上になったのです。「自分はもっと難しいものをやっているのに、そんなバカな」と思ったものです。

要するに、難しいものをやっていても、時間の無駄《むだ》になっている面もあるということです。

したがって、「まずは基礎を固めること」が大事です。難しいものは、あとから、いくらでも積み重ねていくことができます。ところが、最初から難しいものをやって、分からないままに走ると、あとから、その上に難しいものを載せていかれたとき、どんどん分からなくなっていくのです。

背伸びをせず、自分に合ったレベルから始めよう

英語ができる先生の場合、「このくらいまで、できなければいけない」という最終結論から見て、焦って早く教えようとするところがありますが、分からなかったら、つまずいたレベルのところを一回きちんとやることが大事です。

「正確に訳《やく》せる」とか、「文法問題を正確に解ける」とかいう力は、意外に、あとあとまでけっこう残るものだと思います。

すなわち、繰り返しやって、文法でも九割以上はきちんと解けるようなところまでいけば、外国に行ったとき、オーソドックスな勉強をして秀才になった人と似たような感覚の英語が使えるようになるのです。文法は、そのための基礎なのです。もちろん、プラスアルファとして実用英語もやらなければ駄目《だめ》ですが。

やはり、日本の学校の勉強を、あまりバカにしないでください。「これでは、英語が全然使えない」と言う人もいますが、それは、私たちが〝外国人〟だからです。〝外国人〟であるということを無視して、「ネイティブ英語を早く教えれば、勝ちだ」と思ったら間違いです。その場合、失われるものは数多くあります。

ほかの科目もやりながら、英語をやらなければいけません。英語が本当にできるようになるためには、母国語でのいろいろな基礎知識が必要です。知らないことは、英語でも、やはり分からないのです。

そういう意味で、遠回りであるように見えて、百年以上続いた日本の英語学習法のなかには、実に洗練されたものがあります。

韓国は、「日本に全部教えた」などとよく言っていますが、英語学習法を日本から〝盗んで〟おきながら、お礼は一回も言っていません。韓国の場合、英語の参考書は、日本から入れたものを、自国に合わせて直したところから始まっているのです。

お礼は言ってもらっていませんし、「韓国のほうが、英語ができる」と言っているけれども、もとは日本にあるので、「日本の先人たちは偉《えら》かったのだ」ということです。

外国語を日本語に吸収してしまう力は、そうとうなものです。「英文脈を日本文脈に変えて吸収していく。また、それによって日本語も変化・変形していく」

というあたりには、何とも言えない文化的な大きさを感じます。

話を元に戻しますが、「自分としては、どのくらいなら引っ掛からずに取りかかれるか」というレベルがあると思うので、まずは背伸びせずに、自分に合った易しいものを一つやるべきです。

参考書のレベルまでいくと、「まだ手が出ない」という人もいるでしょう。その場合は、一つの見開きに、説明の部分とその復習問題が載っているような、大きいサイズの易しいものがあるので、そのくらいから始めても構いません。それを一回やってから、きちんとした英文法の参考書で、比較的分かりやすいものをやることです。それから、入試問題を中心に出来上がっているものをやるとよいでしょう。

難しいものに手を出せばできるかというと、必ずしもそうではありません。

例えば、私が学生の頃、Z会の通信添削《てんさく》に過去出題されたようなものから出来上がった英文解釈の参考書や問題集がありましたが、あのような難しいものに手を出したら、無駄時間を使っているのとほとんど同じで、分からないままに延々と時間を使うことになります。それよりは、普通の文法や易しい一行英文解釈をきちんと覚えていったほうが、力がつきます。

ずうっと回り込んで、日本型英語で難しいところまで深く迷い込みすぎると、富士山の麓《ふもと》にある青木ヶ原樹海《じゅかい》のような森のなかに入ったようになって、今度は出られなくなります。いわゆる「実用英語」に入れなくなる可能性があるのです。

将来、実用英語まで入るかどうかは別にして、基礎的なところは、母国語で学べる英文解釈をきちんとやったほうがよいと思います。

汚い言葉、スラングは知らなくてもよい

英語教育は、会話中心のほうに移行しつつあり、それも実際に使えることは使えるのですが、もし、汚いレベルの会話や文法だったら、あとで困ることになります。

私は、「英語の単熟語集」や「フレーズ集」をずいぶんつくっていますが、ハリウッド映画に出てくる〝再現〟しにくいスラングは、抵抗があって、どうしても収録できません。「これを入れたら、みんな覚えるだろうな」「こんな言葉を使われると嫌だな」と思うのです。

今までに発刊した英単熟語集やフレーズ集などの英語教材は、200冊以上にのぼる。

ハリウッド映画を観《み》ていると、「美しくてきれいな女性でも、こんなに汚い言葉を平気で言うのか。こんなことがありうるのか」と思うようなことがあります。例えば、美人女優が男性をバカにして、「おまえの母ちゃんを○○してやるぞ！」というような罵《ののし》り言葉を使うのですが、言ってほしくない言葉ではあります。醜《みにく》い男性が使うなら少し分かりますが、若くて美しい女性が汚い罵り言葉を使うのは敵《かな》わないなと思うので、どうしても収録できないのです。

普通の日本人だと、そのあたりの言葉が出てきても、分からないこともあるかと思いますが、日本語で言えば、どうでしょうか。昔の罵り言葉として、「おまえの母ちゃん、でべそ」という感じでしょうか。例えば、そのような日本語を外国人に教えるのかということです。

下町には、もっとひどい罵り言葉もありますが、「『おまえの母ちゃん、でべそ』ぐらい知らないと、ネイティブ日本人になれないぞ」と言われれば、そうかもしれません。ただ、「そこまで知らなければ、日本人ではない」と言われても、やはり「知らなくてもよい」という感じはあります。外国人だから分からなくてキョトンとしていても構わないし、そのほうが上品に見えるものです。

実用英語の世界には、まだまだ先がありますが、こうした英語を覚えるよりも前に、きちんとしたフォーマルな正しい英文法に基づく英語を勉強して、それを基礎に置くことが大事です。すると、文法から外《はず》れている部分について、どの程度、外れているかが感じられるようになります。

「しょせん自分は外国人なのだ」と思い、プライドを捨てよう

受験参考書の場合、たいてい、例文等は入試問題から取っていて、その入試問題も、たいてい、有名な作家の文章やエッセイから取っていることが多く、ある

程度読めるレベルの文章を使っています。ですから、そこから、もう一回きちんとやり直すことです。

プライドで引っ掛かっていることが多いと思うので、プライドのところをいったん捨てて、自分が分からないところを、分からないところとして、もう一回、きちんとやってほしいのです。

もし、高校英語をやり直してもまだ駄目なら、中学英語で引っ掛かっている部分がきっとあるはずです。本当は意味が分かっていないところです。

例えば、「品詞から始まって、不定詞の意味がどうしても分かっていない」「完了形の意味が分かっていない」「関係詞の意味がどうしても分かっていない」ということがあります。概念として理解できていないわけです。そうすると、いくら用例を覚えても、分からないのです。

そこを落とし込める技術がある先生に当たれば、分かります。そういう先生の講義を受けて分かる人もいますが、やはり、分からない人もいるので、その場合は、自分なりに読めば分かるものがないか、探してみる努力は必要だと思います。

要するに、日本語にはない文法で、だいたい、つまずいていると思われるので、そこをやったほうがよいのです。

実際には、実用英語のほうに入っていくと、難しくてつまずくような英文法は使えないことが多いのです。自分がつまずくような英文法を使って話したりするのは、なかなかできることではなく、もっとシンプルな英語になることが多いのです。

ただ、「文法を知っている」ということは大事です。特に、インテリの外国人が話す英語のなかには、そうした文法が出てくることは多いので、文法を勉強することは大事だと思います。

今、英語教育は、実用英語のほうに突き進んでいこうとしています。それで、実際に仕事で英語が使えるようになるなら、悪いことではないと思いますが、やはり、文法のところは軽視しないほうがよいでしょう。

それほど大した時間がかかっているわけではありません。本当は一年や二年なのです。一年から二年、きちんとやったかどうかが大きく、これをやらずに先へ進んでも、積《つ》み木崩《きくず》しのようになってくるのではないかと思います。

ですから、プライドを捨てて、まずは自分のレベルに合ったものにトライしてください。一回では絶対にマスターできません。繰り返し、正解できるところまでやることです。そういう努力が大事です。

意外に、早い時期から英語を始めて自信がある人ほど、文法の勉強ができないのですが、やはり、プライドを捨てて、「しょせん、自分は外国人なんだ」と思って、もう一回やるべきだと思います。

高校英語についての質問でしたので、こういう話からさせていただきました。

2　リスニング力・スピーキング力を上達させる方法

B――　本日は、貴重な機会を賜《たまわ》り、まことにありがとうございます。

今、お話のあった「英文法の基礎固め」の次の問題になるのかもしれませんが、学生のなかには、「英語を読んで理解することは、ある程度できるけれども、リスニングやスピーキングはできない」ということで、悩んだり苦しんだりしている人も多いと思います。

これも、日本の英語教育の現状の典型例の一つだと思いますので、こうした学生たちへ英語上達のためのアドバイスを賜れれば幸いです。

知識がなければ、易《やさ》しい単語で話されても、聞き取れない

大川隆法　日本人が「私は英語ができない」と言う場合、その人は、たいてい、リスニングとスピーキングができない人ではないかと思います。

以前、潘基文《バンキムン》国連事務総長の守護霊霊言を、三人の質問者を立てて英語で収録したのですが（『潘基文国連事務総長の守護霊インタビュー』〔幸福の科学出版刊〕参照）、私の感想としては、「けっこうレベルの低い英会話で終わったので、少し申し訳なかったかな」と思い、反省しました。

私は、「専門用語を大して使わず、普通の英会話にかなり近かったかな」という印象を持

『潘基文国連事務総長の守護霊インタビュー』（幸福の科学出版刊）

って霊言を終えたのですが、霊言を聴いた人に感想を尋《たず》ねてみると、もちろん、「軽々と分かりました」という人がいる一方、外国の大学を卒業した人でも「七、八割ぐらいしか聞き取れませんでした」という人がいたので、少し驚きました。

霊言の内容は国際政治や外交、経済に絡《から》んでいたので、外国に留学していたとしても、これらの領域に関心がなくて勉強していなければ、分からない部分があったのかもしれません。

それから、日本人の大学生の場合、TOEIC《トーイック》の平均点は四百点台ですが、そのくらいの人になると、「モニター中継された所で、TOEIC九百点台の人に通訳してもらいながら聴きました」と言っていましたが、それにも少し衝撃を受けました。「あのレベルの英会話に通訳が要《い》るのか」という感じです。

外国に留学した人の意見を訊《き》くと、「英単語は易《やさ》しかったです」と言っていましたが、そうだろうと思います。易しい英単語を使って霊言をしたはずです。それを聞き取れなかったというのは、おそらく、内容が難しかったからでしょう。内容とターゲットが少し違ったため、仮に日本語で会話をしたとしても、分からない部分があったのではないかと思います。国連事務総長の仕事について普段から問題意識を持っていなければ、その問題点について日本語で会話をされたとしても、何を言っているかは分からないわけです。

ということは、そういう人の場合、日本語の新聞で「国連事務総長がこんな発言をし、『ここが問題だ』と言われて、突っ込まれた」という記事を読んでも、おそらく意味が分からないだろうと思います。問題意識としてはそれほど感じず、「なぜ、みんなはそれで怒《おこ》ったのだろう?」と思う程度でしょう。

例えば、新聞には、「国連事務総長は中立を守らなければいけないことになっているのに、韓国へ帰ったとき、韓国人の立場で、日本人の歴史認識について批判したりしたため、日本政府が反発した」という記事が載っています（説法当時)。

日本語であっても、こうした記事を読む習慣がない人、つまり、新聞の政治欄《らん》や国際欄を読まないようなレベルの人だと、「いかにシンプルな英単語で会話をされたとしても、内容を聞き取れない」ということがあるわけです。

その意味で、できるだけ知っている情報を増やす必要があります。それは英語でも日本語でも構いません。話題が変わったとき、急に分からない言葉が出てくることがあるので、会話についていくためには、薄くてもよいので、「少しはかじっている」というところを増やしていかなければいけないのです。そうしなければ、いろいろなタイプの人と話をすることはできません。

相手の関心のあるところは、自分とは違うこともあります。ですから、薄くてもよいので、なるべく広い領域にわたって、少しずつ知識を持つように努力したほうがよいでしょう。

もちろん、自分の専攻あるいは専門に当たる部分については、深い知識を持つように努力したほうがよいと思います。これも、英語でも日本語でも構いません。少なくとも、どちらかで、まずは知識を持っていなければいけません。日本語で先に知識を持っている場合であれば、「これは英語で何と言うか」ということを勉強しなければいけないでしょう。また、英語で先に勉強している場合は、英語で聞く分には困らないでしょう。

そういうことで、まず、「基礎知識がないものについては、聞いても分からない」ということは一つ言えると思います。

スピーキングのチャンスが少なければ、「リスニング」で代替《だいたい》を

スピーキングについてですが、基本的に、外国人の顔を見なければ、よい英語

は話せません。私は、「日本人の顔を見て、よい英語を話すのはかなりきつい」ということが分かりました。スピーキングは、必ずしも学力に比例するわけではなく、話す相手によって相関関係が出てくるのです。

以前、私は外国に巡錫《じゅんしゃく》する前、練習として、東京正心館《しょうしんかん》に英語に関心のある人等を集めて、英語説法をしたことがあります（注。二〇一一年二月二十日の法話「The Importance of Faith」〔信仰の大切さ〕と、同年五月十五日の法話「Beyond Human Destiny」〔人類の運命を超えて〕のこと）。

ただ、来ている人の「集合想念のレベル」というのがあって、思うように英語が話せませんでした。「この英語を使ったら、『分からない』と思う人がたくさんいるだろうな」と思うと、英語がなかなか出てこなかったのです。

やはり、言葉は、相手の顔を見て初めて出るものです。英語には、そういうところがあるので、最終的には、外国に旅行するなり、ホームステイするなり、長期滞在するなり、留学するなり、海外研修・駐在等を経験するなりしないと、使いこなせるレベルまではいかないのではないかと思います。

いったん外国経験をした人は、日本に帰ってからも、「あとは、どのような勉強をすれば、能力を上げられるか」ということが分かります。これは、外国に行ったことがない人には分かりません。外国に行かない限り、分からないのです。

外国にいったん行ったことがある人は、「これをやれば、もう少しできるようになる」ということが、だいたい分かります。短期間のホームステイに行って、「できない」「悔しい」という感覚で帰ってきたとして

英語説法を拝聴するために集まった人々。

法話「The Importance of Faith」の様子。東京正心館（東京都港区）にて。

も、「何をすれば、もう少しできるようになるか」ということは、直感的に分かるようになるのです。

その際、スピーキングはどうすればよいでしょうか。やはり、外国人がいないと、スピーキングのチャンスはあまり出てきません。それは、私も同じです。私の場合、月一回ぐらい英語を話すのが限度であり、英語はほとんど話さないのです。

「国際本部の職員は、毎日、英語で話ができる」というのは、うらやましい限りですが、私は月一回英語を話す程度でも、外国へ行けば、生《なま》で英語説法をしています。これはかなりのハンディで、鉄下駄《てつげた》を履《は》いて走っているようなものなので、自分でも「けっこうきついな」と思っていますが、やるしかないので、やっています。日本国内では、やはり、日本語での説法のニーズのほうが高いので、日本語で話しているわけです。

では、どうしているかということですが、スピーキングに代替《だいたい》するのは「リスニング」です。リスニングでかなり代替できる面があります。

今はTOEICでも、スピーキングとライティングのテストを始めていますが、もともとはリスニングとリーディングだけで測《はか》っていました。「リスニング能力は、スピーキング能力と七割ぐらい相関するだろう」と見て、つくられた試験なのです。

私の場合、実際のところ、普段、英語を話す機会はそれほどありません。「そういう人が、生で英語説法を一時間ぐらいする」というのは、けっこう〝ひどい〟話ではありますが、英語を聞く時間だけは確保するように努力しているのです。

「一日三時間の勉強」で、外国にいるのと同じ学力を維持できる

外国に行ったことがある人は分かると思いますが、実際に会話をしている時間というのは、一日が終わってみれば、一日三時間ぐらいしかないものです。

職業や立場によって違いはあると思いますが、「外国へ行けば、英語を話せるようになる。聞けるようになる」といっても、一日が終わってみたら、英語だけで話したり聞いたりしている時間は、正味《しょうみ》で一日三時間程度かと思います。移動など、ほかのことをしている時間がけっこうあるので、詰めていけば、その程度かもしれないのです。

ですから、「日本にいても、毎日、正味で三時間ぐらいやれば、外国にいるのと同じくらいの学力は維持できるかな」という感じはあります。毎日三時間ぐら

いの英語学習時間を確保できれば、一応、外国に留学している人、あるいは、駐在等をしている人と同じぐらいの学力を維持することはできるでしょう。

その三時間の中身はいろいろですが、もちろん、基本的にはリスニングの時間を入れなければいけません。できれば、最低一時間ぐらいは確保していただきたいのです。一時間まとめては取れない人が多いでしょうが、そういう人は、いろいろな機会をとらえて、少しずつ聞くようにするしか方法はないと思います。

私は、大悟館《たいごかん》から出掛けるとき、ときどきHS政経塾生を見かけます。近所にHS政経塾（政治家・企業家を輩出するための社会人教育機関）がありますが、HS政経塾生は、総裁が道を歩いていても気がつかないことが多いのです（笑）。

というのも、塾生は、たいてい耳にイヤホンをしているからです。聞いているのは、おそらく英語でしょう。英語を聞きながら道を歩いているために、総裁が通っても気がつかないのです。集中しているわけですが、交通事故に遭《あ》わないことを祈るばかりです（笑）（会場笑）。

どうも、耳のほうに集中していると、目は〝見えない〟ようです。そのため、総裁が近くを通《とお》っても、気がつかないことがけっこう多いのです。

要するに、「勉強は、歩きながらでも、できないわけではない」ということです。

人によって時間の使い方はあって、それ以外にも、バスや電車等の乗り物に乗っている時間や、トイレのなかの時間など、いろいろなものがあると思います。何でもよいので、英語を聞く時間を最低でも一時間ぐらいはつくってほしいと思います。それが習慣になれば、ある程度の時間を確保できるようになるでしょう。

リスニングは、百パーセント聞き取れないことに耐えよ

あとは、ずっと長く続けるためには、やはり、楽しみがあったほうがよいので、できれば、自分の趣味・嗜好《しこう》というか、楽しみにつながるようなもので、勉強したほうがよいと思います。

私の場合、洋画を観《み》ることが多いのですが、映画館への行き帰りも含《ふく》めると、延べ時間はけっこうかかることがあるので、毎日は行けません。失業でもして仕事がない状態になれば、毎日でも行けるかもしれませんが、仕事のある人は、毎日はそう簡単には行けないのです。

ただ、今は、ＤＶＤなど、便利なものが出ていて、昔に比べて簡単に手に入るようになっています。また、映像付きのほうが、英会話としてはよく分かると思います。やはり、耳で聞くだけより、場面も見たほうが理解しやすいのです。

もしＤＶＤを観るチャンスがあり、ＤＶＤになっている映画で自分の好きなものがあれば、それを観て英語を覚えていってもよいと思います。

それができなければ、もちろん、ＣＤ等もたくさん売っているので、それを音楽代わりにかけるのもよいでしょう。音楽を聴くほどの快感はない可能性があるので、少しつらいですが、これもやはり習慣です。とにかく聞き続けるのがよいと思います。

その場合、何かしながら聞いていると、百パーセントの聞き取りは難しいことが多いです。基本的には、百パーセントは聞き取れません。聞くことだけにかなり集中すれば、百パーセント聞き取れることもありますが、何かしながら聞いていると、やはり難しいのです。

先ほど、あのようなことを言ったために、もはやＨＳ政経塾生は危ないかもしれません。総裁が歩いているかもしれないのであれば、今後は、きちんと周囲を見ながら、英語を聞かなければいけないようになってくるので、集中力が少し落ちて、聞き取り能力が落ちる可能性はあります（笑）（会場笑）。

やはり、何かしながら聞いている場合は、百パーセントまでいけないことがあります。しかし、それに、ある程度、耐えたほうがよいでしょう。仕事がある人等にはそれだけの時間がないので、しかたがないのです。学生はまだよくて、勉強の時間を取れますが、仕事がある人の場合は時間を取れないのです。

とにかく耳慣らしを続ける努力を

ですから、百パーセントは聞き取れないことを前提に、「とりあえず要点だけでもつかもう」というか、「部分的に五十パーセントでも、三十パーセントでもよいので、内容を聞く練習をしよう。耳慣らしにプラスアルファになるぐらいでよい」と思ってでも、続けていく努力が必要だと思います。

当会から『黒帯英語』シリーズが出ていますが、音声を吹き込んだＣＤも出ています。それをお風呂で聞いたのですが、私でも全部は聞き取れませんでした。

私は、原稿をつくっている段階から、何回も目を通しています。内容を選んで編集するまでの間に原稿校正を何回もしているので、内容については頭に入っているはずなのに、そうなのです。

以前、『TOEICを受験する人たちへ』（宗教法人幸福の科学刊）という本にも書きましたが、うちのお風呂は二十四時間風呂で、一日中、滝《たき》のようにお湯がザアザアと流れ、音が常に発されています。そのような所で、さらにシャワーを浴びたりすると、もう聞こえなくなるのです。

『TOEICを受験する人たちへ』

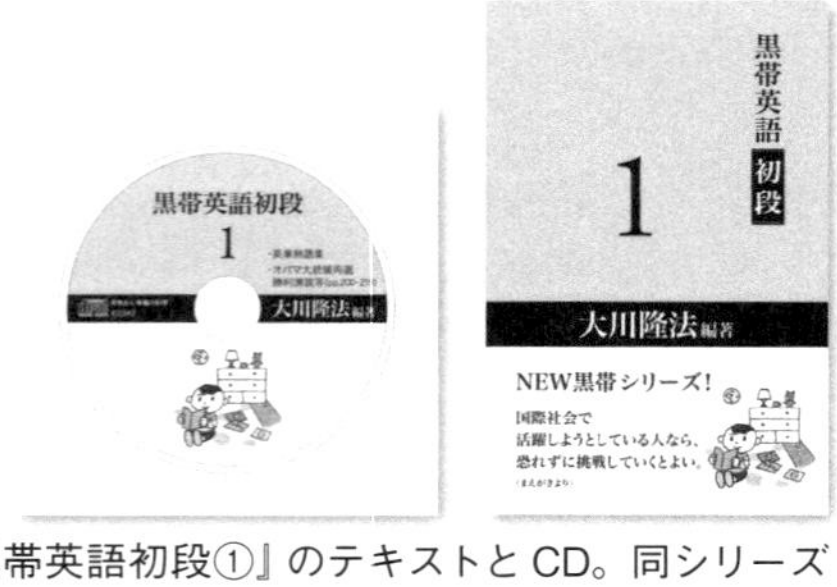

『黒帯英語初段①』のテキストとCD。同シリーズは2014年8月時点で、三段⑥（計36冊）まで発刊されている。

そのため、私がつくった『黒帯英語』でも、そのCDをかけながらお風呂に入ると、全部は聞き取れません。やはり、聞き取れないところが各所にあるので、「難しいものだな」とつくづく思います。

また、最近、『句動詞中心・英検準1級合格対策』という英語教材が出ましたが（説法当時）、これには、まず英語の音声があって、次に日本語訳の音声が続くCDが付いています。スピードラーニング風ですが、確かに、「日本語が入ると急に聞きやすくなる」というのはよく分かります。

CDの音声が英語だけだと、「テキストがある所でCDを聞く」という状況がなかなかつくれない人にとっては、けっこう厳しいものがありますが、日本語訳も吹き込まれていると、一気に分かりやすくなり、聞き取れる率が上がるのです。

『句動詞中心・英検準1級合格対策』

ただ、すべて分からなくても、それに耐えて、耳慣らしをする訓練を続けないと、学力は落ちていきます。これは知っておいていただきたいと思います。

なお、体調によっても、聞こえる範囲に差が出ます。私の場合、調子がよいと、朝からCNN等の英語のニュースを聞いても、よく分かります。一方、疲れていて調子が悪いと、「今日は、ちょっと聞き取りが悪いな」と思うときもあります。やはり、波はあるので、その意味で、毎日のコンディションづくりも関係はあるだろうと思います。

とにかく、あの手この手で、読むのでもよいし、聞くのでもよいし、話すのでもよいし、何でもよいので、何らかのかたちで積み上げて、合計三時間ぐらいの勉強時間をつくっていけると、ある程度、力は維持できるでしょう。

特に、英語で話すような機会が回ってくる場合は、「その前にインプット量を増やす」というのが原則なので、勉強量は多くなってくるだろうと思います。

もちろん、学生であれば、もう少し違いはあるかもしれません。社会人と違って、集中して勉強することが可能でしょう。繰り返しやって、学力を上げることもできると思います。

勉強を長く続けるコツは、楽しみを入れること

最近、ＴＯＥＩＣに関連する本を読んでいたのですが、ある本に、次のような話が載っていました。

楽天という会社は、英語社内公用語化をしていて、社員はＴＯＥＩＣの試験を二週間に一回ぐらい受けられるようですが、なかには、やはり〝賢《かしこ》い〟人がいて、まあ、エンジニア系の人ですが、毎回、問題番号と英文をチェックし、「何番、何十何番に出る問題は何か」を記録していったら、七回に一回、同じパター

ンが出てくることを発見したそうです。

そして、「問題は七パターンしかない」ということを分析し、それをほかの人に教えたら、みなの点数が急に上がったらしいのです。TOEICを運営している団体のほうは、「異常性が出た。これはおかしい。見破られたか」ということで、パターンを変え始めたとのことです。

「TOEICを七回も続けて受ける人はいないから、七種類ぐらいパターンがあればよいだろう。一年後に受け直しても、前回の内容は忘れてしまうから大丈夫だ」ということだったのでしょう。ところが、「二週間に一回、繰り返し受ける人が出てきて、点数が急に上がる」ということがあったため、パターンを変え始めたわけです。そのような話が出ていました。

ただ、私としては、「社内の昇進のためだけに勉強するのはどうかな。本物の学力かどうか、ちょっと怪《あや》しい」とは思います。こうしたやり方は、それほど好きなパターンの勉強の仕方ではないのです。

できれば、好きでやるもののほうがよいので、楽しみを少し付け加えていくとよいでしょう。自分が好きな楽しみを少し入れていったほうがよいと思います。

私は英語教材もたくさん出しているので、みなさん（聴聞者《ちょうもんしゃ》のこと）は〝地獄〟だと思いますが、私のほうは、単熟語集等をけっこう楽しみとしてつくっています。毎日、英語の勉強をしていて、「これは面白い」「これはいい」と思うような単語や熟語が出てくると、メモに取って、ためているのですが、そうするうちに、だんだん出来上がってくるのです。

みなさんにとっては〝地獄〟ですが、私にとっては楽しみです。「せっかく英語を見たり聞いたりしているのに、まったく何にも残らない」というのは時間の無駄《むだ》に思われるので、「これはいいな」と思うものは抜き書きして、インプットしておくのです。そうして一冊のテキストにまとめれば、みなさんも、あとで何度も繰り返し使えるようになるわけです。

私は、それが楽しみで、「この言い方は面白い」とか、「このレベルなら、おそらく、この単語や言い回しは分からないだろうな」とか思うようなものがあったら、チョコチョコと書き抜いています。当会の英語教材は、意外に、そういうかたちで出来上がっているものが多いのです。

そのため、お楽しみ用として、ときどき、変な単語や熟語等が混ざっています。乱数パターンのように、変なものがチョコチョコと入っているのです。

自分なりに少し楽しみごとがないと、面白くなくて勉強が続かないので、私は、そうしているわけですが、みなさんも、とにかく聞く量や話すチャンスをつくらないと、なかなか難しいと思います。

どのような話でもできるよう、常《つね》日《ひ》頃《ごろ》から情報の仕入れを

そうは言っても、現実は大変だなとつくづく思います。

以前、東京オリンピック招致《しょうち》のために、安倍首相をはじめ何人かが南米に行き、招致スピーチを英語で行いました。オリンピックの選手も、それほどうまいとは思えない英語でしたが、それでも英語で話していました。

皇族《こうぞく》の高円宮《たかまどのみや》妃《ひ》久子《ひさこ》さまも、四分ぐらいのスピーチを、最初はフランス語で話し、途中から英語で話されていました。よく存じ上げないのですが、「昔、通訳の仕事を

高円宮妃久子さまによる、東京オリンピック招致スピーチの様子。

されていた」という話です。それでも、スピーチの原稿をつくるのに、三、四日かかったそうですし、当日も朝五時まで一生懸命に手を入れて、原稿を直されたようです。それでスピーチをしたら、ものすごい絶賛状態になったわけです。

ただ、私としては、「通訳ができるレベルなのに、三、四分の話をするのに、そんなに準備がかかるのかな」という感じで、若干《じゃっかん》、衝撃というか、ショックに近いものがありました。「通訳のレベルまでいっていたら、一分前に言われても、そのくらいの話はできなければおかしい」というのが、私の率直《そっちょく》な感想です。

彼ら、彼女らとしては、いろいろな人に原稿をチェックされるので、言葉選びも難しいのでしょうが、当日の朝五時まで文案を練《ね》るというのは、私にとって衝撃に近く、「そんなに大変なのかな」という感じがしました。

私のように、題名だけ決めて海外出張し、原稿を一切書かずに（英語で）説法している人は、いったいどうなるのでしょうか。私は、中身は何も考えず、題名だけとりあえず付けて現地へ行き、その場で説法しています。かなり〝ひどい〟レベルですが、私の講演は地元のテレビ局で放送されたりもしているので、おそらく、もっと恥《はじ》をかいているのでしょう。ですから、「恥を感じない力」も大事なのかもしれません。

やはり、人前で話すというのは、難しいことのようです。

昔、ノーマン・ビンセント・ピール博士《はかせ》の書いた本を読んだら、「何かの集会にゲストで呼ばれ、来賓《らいひん》だと思って行ったら、来賓ではなく、三人ぐらい選ばれているゲストスピーカーのなかの一人だった。現地に行って初めて、自分はスピーチをやらされるらしいということを知り、真《ま》っ青《さお》になった」ということが書かれて

ノーマン・ビンセント・ピール
（1898～1993）アメリカの牧師。

いました。

ちなみに、ゲストスピーカーとして隣に座っている人は、セオドア・ルーズベルトの息子で、有名な人だったらしく、「その人と一緒にスピーチをやらされる」ということで、冷《ひ》や汗《あせ》ダラダラになったようです。「原稿も書いてないし、中身も考えてないので、頭が真っ白になってしまった」ということを、正直に告白していた箇所があったと思います。

プロとして、あれほど毎週説法をしている人でも、自分がスピーチするとは思っていないところに行き、そこでスピーチ役に当てられていることを知ったら、衝撃を受けて真っ青になったのです。「ああ、そんなこともあるのだな」と、私のほうもショックです。

「ネイティブのアメリカ人で、説法が職業の人がそうなる」ということを知って、「やはり、内容のある話を人前でするというのは、それほど難しいことなのだな」と、つくづく感じました。

なお、ピールは、「それを積極思考、光明思想で乗り切った」という話も書いています。日本人なら分かりますが、アメリカ人がそういう話を書くのは、あまりありません。もし、私だったら、恥ずかしい感じがしてしかたがないのですが、やはり、そのくらい難しいのでしょう。人が聴いているというのは、そのくらい難しいと言えば、難しいことなのだと思います。

ただ、それに対抗するためには、常日頃《つねひごろ》、情報の仕入れを怠《おこた》らず、どのような話でもできるようにしておくことが大事でしょう。これは、ウォーミングアップの時間をそれほど長くしなくても、本番を走れるようにするための訓練です。すなわち、「ウォーミングアップをしっかり何時間もして、体を温めてから本番を走る」ということではなく、「軽く柔軟《じゅうなん》体操をしたぐらいで、本番を走れるような訓練をしておかなければいけない」ということです。

スピーキング力を高めるのは「勇気」

最後は、やはり「勇気」だと思います。日本人は、少し尻込《しりご》みする傾向があるので、勇気を持つことがスピーキング力を高めるのです。日本人には勇気がないと思うのです。

私は、セミナーや講演をしたあと、質疑応答をしていますが、当会の場合、質問してくる人が大勢います。みなさん、もちろん、日本語で質問してくるのですが、日本語になっておらず、あとで本人が聞き直したら、十分、「恥ずかしい」と思えるような日本語であることが多いのです。そのまま原稿に起こしたら、もう日本語ではないでしょう。添削《てんさく》がそうとう必要な文章しかつくれていないのです。

要するに、日本語でさえ、その程度なのですから、英語もしょせん、その程度なのです。

わずか二分か三分の質問でも、日本語でまともに話せないのですから、「スピーキングは難しいものだ」と思って、恥ずかしがらずに、とにかく、「自分が伝えたいことを相手に伝える」ということに熱心になることでしょうね。

とにかく、「要点・核心部分を相手に伝える」ということだけは、絶対に外《はず》さないことです。

リスニング・スピーキングでは、キーワードを押さえると意味が分かり、伝える力もつく

また、聞き取りでも、キーの部分というか、「ここを聞き逃さなければ、全体

にとって大勢《たいせい》に問題がない」というキーワードの部分だけは、カチッと押さえることです。そうすれば、だいたい意味は分かります。

「細部にわたり細かいところまで分からなければ、全体が分からないので、分からなかった」というような判定・判断をしていると、分かるようにはならないので、リスニングでもスピーキングでも、まずはキーワードのところを押さえていくことです。

そして、スピーキングでも、とにかく、「相手のなかに、いちばん言いたいことを打ち込む」ということを押さえておけばよいわけです。

みな、記憶力は、相手が話したこと全部を覚えているほど、よくはありません。たいてい、打ち込んだキーワードのところしか覚えていないので、そこだけは絶対に外さず、「球《たま》をど真ん中に投げ込む」ということに気をつければよいでしょう。それ以外のところは、記憶がぼんやりしていて、忘れていくので、要点を絞《しぼ》る必要があるわけです。

これは、けっこうポジティブ・シンキング（積極思考）なのです。

日本人はネガティブなので、間違いのほうに目がいきがちですが、それはどうにでもなる部分なので、ここは気をつけたほうがよいでしょう。「正しい結論というか、正しい英語は一つだけある」というわけではないのです。

渡部昇一《わたなべしょういち》さんも、本のなかで、「大学生のとき、ラフカディオ・ハーン（小泉《こいずみ》八雲《やくも》）の英語の文章を引用したら、外国人教師がそのハーンの文章を直してきた。ハーンの文章が直されるなら、自分たちの英語が直されるのも無理はない。『これは、しょせん趣味の問題なのだ』と割り切ろう。明白な誤《あやま》り以外は、直されても気にしない

渡部昇一（1930 〜）
英語学者、評論家。

でいい。そう考えたら、気が楽になった」ということを書いています。

表現には、いろいろな種類がありうるので、基本英文法を一応マスターして、ある程度、「間違っていない」という自信があれば、あまりシリアスに考えすぎないことが大事でしょう。表現の形式にはいろいろとあって、「うまいと感じるか、下手と感じるか」は、読者や聞く人が判断する部分なのです。もちろん、プロになるには努力の余地はありますが、そういう心がけが大事だと思います。

英語は、毎日やり続けないと維持できない

とにかく、最後に一つ述べるとしたら……。いや、どうしても一つには絞れないですね（笑）。

やるとしたら、リスニングのほうは、温泉の掛け流しではないですが、とにか

く、「英語をどこかで流しておく」という部分をつくるしかありません。

あとは、正確に勉強する時間はないかもしれませんが、単語でも熟語でも文でもよいので、どこかで、チラチラと見る時間を毎日つくることです。低いレベルですが、それをキープすることで、維持できると思います。

英語に触れないでいると、とたんに錆《さ》びついていきます。この錆びつき方はすごく早いのです。例えば、英検一級に合格した人でも、「受かった」と思って英語の勉強をやめて、一年後に再び英検一級を受けると、「not passed C」（不合格C）ぐらい平気で出ます。英語というのは、そのくらい簡単に落ちるのです。一年ぐらいでガーンと落ちてしまうので、やはり、毎日やり続けないと維持できません。

細かく継続していくことが大事です。できれば、楽しみも伴《ともな》うほうが、長く続くと思います。

一日三時間ぐらい、何らかの接触をつくるように努力をすることです。三年ぐらい続ければ、ある程度のレベルは超えて、「普通の日本人に比べれば、聞いたり話したりすることがうまい」というレベルにいけるでしょう。

外国帰りの人の場合は、おそらく、語彙《ごい》の問題や難しい文章のところで、超えられない壁を感じているはずです。外国に行って帰っただけでは、英字新聞は読めないはずなので、「努力が要《い》る」ということは、おそらく分かると思います。

ただ、英字新聞を読むのでも、全部を読もうとする必要はありません。

みなさんは、日本語の新聞を読む場合も、基本的に、隅から隅まで読んでいるわけではないでしょう。「見出しを見て、興味があるところを読み、面白くなければ、あとは読まずに、ほかのところに目移《めうつ》りする」「見出しが面白かったものだけ読む」ということで、最後のピリオドまで読んでもらえる記事は、おそらく、内容が面白いものだけだと思います。

日本語の新聞では、そういう読み方をしているでしょうから、英字新聞も、全部、隅から隅まで読まなければいけない義理はありません。「自分の興味・関心を引いたものを読んでみて、面白くなければやめてもよいし、最後まで読めるものがあれば、じっくり読んでみる」というぐらいで構いません。そうした中途半端さに耐える自覚がないと、なかなか続かないのです。これを知っておいてくだされればよいと思います。

「相手に喜んでもらおう」と気持ちを切り替えて、もっと大胆に

あとは、努力あるのみです。

才能もありますが、私は、才能よりも、「勇気」や「やらなければならない責任感」、あるいは「『自分の話を聴いてくださる方に喜んでもらいたい』と思うよ

うな気持ち」のほうが、最後は勝つようなな気がしてしかたがありません。そういう気持ちを持っていれば、スピーキング力は、インプルーヴ（上達）せざるをえないのです。

恐怖心や臆病《おくびょう》さが勝つうちは、基本的に、自己本位になっていると思います。「自分のことをよく見せたい」という気持ちのほうが、勝《か》っているわけです。

それよりも、相手本位というか、「相手に分かってもらおう」とか、「喜んでもらおう」とか、「感動してもらおう」とかいう気持ちのほうが先に立ってくると、恐怖心や臆病な気持ちは消えていくのです。そのように切り替えたら、もっと大胆になれるのではないでしょうか。

勉強が不十分なのは、みな一緒です。その不十分ななかで、切れっ端をかき集めてでも何とか戦うことが必要であり、「全部勉強したから、やろう」「勉強が終わって完全に仕上がってから、やろう」などと思っていたら、機会は永遠に来ないと思います。

みな、いつも中途半端なままで戦わざるをえないのです。それについてはしかたがないので、そこは、やはり熟練の問題かと思います。

3　第二外国語を学ぶ心構え

C――　今日は、「外国語学習限界突破法」ということですので、第二外国語についても、お伺《うかが》いできればと思います。

幸福の科学大学では、もちろん、英語はトップレベルを目指しますが、英語圏以外の地域で活躍することを志《こころざ》している人たちは、同時にポルトガル語や中国語なども勉強していくと思います。

ただ、第二外国語の授業数は英語に比べて少ないですし、使える時間も限られています。

（2015年開学予定の）幸福の科学大学（仮称・設置認可申請中）の完成イメージ図

そこで、限界突破という意味で、英語習得を目指しながら第二外国語を上達させるコツについて、アドバイスを頂ければと思います。

第一外国語を掘り下げなければ、第二外国語は中途半端に終わる

大川隆法　十分に答え切る自信がないのですが、「大学生が第二外国語を勉強するぐらいのレベルで、どのようにすればよいか」という範囲であれば、答えられるかもしれません。「実用レベルまで、第二外国語のレベルを上げるには？」と言われると、かなり難しいなという感じはします。

基本的には、二つの言語を自由に使いこなすのは、それほど簡単なことではないので、まずは、英語なら英語を使えるところまで頑張ったほうがよいでしょう。一つの外国語を掘り下げて一定のレベルまで達した場合、第二外国語をマスター

する時間は、かなり短縮されるはずです。

しかし、最初の第一外国語で一定のレベルまでいっていないと、第二外国語をやっても、おそらく中途半端なレベルで終わると思われます。

具体的に言うのは難しいのですが、例えば、英検二級を、観光英語のレベルと考えるとしましょう。そして、「外国を旅行できるぐらいのレベルまで、第一外国語をマスターできればよい」と思っている人が第二外国語をやったならば、おそらく、要求レベルは、「片言《かたこと》で少し何か言えればよい」というところまで、さらに下がるだろうと思います。

第二外国語として幾《いく》つかありますけれども、才能を散らしてもいけるような恵まれた人もいますが、多くなりすぎると、どうしても、それほどマスターできないことが多いのです。

私は、やはり、第一外国語の「掘り込みの深さ」が、第二、第三外国語をやる場合のレベルにも影響してくるような気がします。

第一外国語が、ある程度までいっていれば、例えば、英語なら英検一級のレベルぐらいまで到達していれば、第二外国語で、英検で言うところの準一級か二級のレベルぐらいまで到達することは、それほど難しくはないでしょう。英検一級レベルまでは、そう簡単にはいかないと思いますが、そのくらいのレベルまでいくのは、それほど難しくないと思います。

とにかく、第一外国語でいっていないレベルには、第二外国語でもいかない可能性が高いのです。

そういう意味で、第一外国語にかなり時間はかかりますが、「一つの外国語に通じるところまでいった」という確信があれば、第二外国語以下の勉強時間はおそらく短縮され、要領もよくなってくるでしょう。やり方がだいたい分かってくるのではないかと考えます。

「このくらいまでできたらよい」という見切りをする

第二外国語以下の場合は、「見切り」が大事です。「このくらいまでできたらよいかな」という、ある程度の断念《だんねん》というか、見切りをしておかないと、無限の時間がかかることになるのです。そこが難しいところです。

主《しゅ》として第一外国語で戦わなければいけないので、第二外国語については、例えば、日常のちょっとした会話ができればよいと見るかどうか。それは人によるでしょうし、職業にもよるかもしれませんが、見切りは要《い》ると思います。

その人の職業にもよるため、何とも言えませんが、「第一外国語で、けっこう底まで掘った」と言えるレベルは、日本人の学習者なら、語彙《ごい》でいくと一万語から一万五千語ぐらいのレベルになります。そこまでいくと、だいたい、職業として教えられるレベルまではいっているでしょう。

そのくらい第一外国語を使える人が、「第二外国語は二千語ぐらいまで到達しようかな」という目標を持って勉強したならば、通常の会話ができたり、簡単なものが読めたりする程度まではいく可能性があると思います。

私はあまりできないので、それほど言えないのですが、手を出した言語は二十カ国語以上です。もはや〝はちゃめちゃ〟で、分からない言語だらけです。マスターできないのに、多くの言語を勉強していますが、この「マスターできないことに耐えられる」というところが、私の能力でもあります。

「全然分からないものを勉強できる」というのは、稀《まれ》な能力らしいのですが、私は、「さっぱり分からないのに、なぜか一冊を読み上げる」という能力を持っているのです。

そして、一冊を読み終えて、「○月△日読了《どくりょう》」と書いていますが、「何が書いてありましたか」と訊《き》かれたら、「さあ、何が書いてあったか分からないな」ということを平気で言える人間なのです。「もう一回、読んでみるか」という感じでしょうか。

私は、「どこかの段階で分かればよい」と思っていて、間《あいだ》を置いて繰り返し勉強しています。オン・ザ・ウェイ（進行中）で、使えないまま〝走って〟いるものはたくさんあります。

「使えなくてもよい」と思っているのです。使えなくても、「これは、こういう体系の言語なのだ」とか、「ここは、こういう字体を使って、こういう文法を使っている」とかいうことを、ぼんやりとつかんだだけでも、何となく分かる面があるのです。

その国の人の言葉を聞いたとき、ニュアンス的なものが少しだけ伝わってくるので、それだけでもプラスだと考えています。決して、「マスターしよう」とは思っていないので、いろいろなものを読めるところがあるわけです。

英語ができる人は、英語に近い言語には接近しやすい

私は、大学時代、英語以外では、ドイツ語をいちばんやりましたが、マスターできるところまではいきませんでした。小説を読めるレベルぐらいまではいきましたが、その後、ずっとやっていないので、「商社に勤めていたとき、もしドイツ駐在までいっていたら、もう少しドイツ語が使えたかな」と、やや後悔しているところはあります。

そのドイツ語と英語の文法を比べてみると、「英語のほうが進化したのだな」ということがよく分かります。今、いろいろな言語を見ているのですが、やはり、英語はすごくシンプルなのです。シンプルな二十六文字で構成され、その字体

もすごくシンプルです。この少ない文字数で文章を組み立てて、文章が出来上がるというのは、魔法のように感じられます。

日本語の場合、漢字とひらがなとカタカナが交《ま》じっていて、非常に多くの語数がありますが、英語については「とても美しい言語だな」とつくづく感じます。

宇宙人が地球に来て、交渉しようとしたら、やはり、英語圏を選ぶだろうと思います。マスターするのは、英語がいちばん簡単だからです。二十六文字を覚えれば、とりあえず使えるので英語は簡単ですが、ドイツ語のようにウムラウト（変母音《へんぼいん》を示す記号）が付いたり、ほかのラテン系の言語のようにグニャグニャとしたものが付いたりしてくると、やはり難しくなってきます。

英語	ドイツ語	フランス語	ポルトガル語
presence	präsenz	présence	presença

英語の「presence」（存在という意味）の綴《つづ》りを他の言語と比較してみる。

ドイツ語と英語を比べて勉強してみても、「やはり、英語のほうが進化したのだな。実用に適した言語として、多くの人が啓蒙《けいもう》されて、使われるようになったのには、理由があったのだな」という感じがします。

ですから、特に、勉強の仕方について言うと、英語が比較的できれば、英語の変化形の文化圏の言語に接近するのは、時間的に短縮できると思います。

「知るだけでも楽しい」と考えれば、いろいろな言語に〝食《く》いつく〟ことは可能

そうではない文化圏、例えば、漢字文化圏や、その他の言語を使う所は、考え方が少し違うかもしれません。それは、先ほど述べたように、「どの程度、使う可能性があるか」という見切りのところかと思います。

ただ、使えなくても、入門書でもよいから勉強してみて、「へえ、こんな感じの言語体系なのか。知るだけでも楽しい」という考え方で見れば、〝食《く》いつく〟ことは可能だと思います。

例えば、韓国語の勉強をしていると、ハングルのなかに、ときどき、漢字で日本語が出てくるので、「ああ、この単語はないのだな。日本語を使わないと表現できないのだろう」という発見があります。

また、もうすぐタイに行く予定なので、以前にも勉強したことがありますが、今はタイ語の参考書を読んでいます（注。収録当時。二〇一三年十一月、タイへの巡錫《じゅんしゃく》を予定していたが、タイの霊界事情等により中止になった。『比較宗教学から観た「幸福の科学」学・入門』〔幸福の科学出版刊〕参照）。

夜中の勉強は、ドイツ語からタイ語に変わっていて、タイ語を読んでいるのですが、タイ語は字がグチャグチャと跳《は》ね回っていて、よく分かりません。

参考書には、タイ語の読み方をローマ字変換したものも書いてありますが、英語そのものではないので、発音の仕方がまだよく分かりません。それに日本語訳を書かれただけでは、残念ながら、発音はできないのです。

もっと簡単な参考書になると、カタカナでも読み方が書いてあります。「タイ語と、それをローマ字変換したものと、読み方を表したカタカナと、日本語訳の四種類を見なければ、覚えられない」というのは、かなり〝きつい〟言語だなと思います。

しかも、タイ語の字は、英語のアルファベットの美しさから見ると、かなり煩雑《はんざつ》です。ヒンディー語系も

日本語	タイ語
はじめまして	ยินดีที่ได้รู้จักครับ／ค่ะ (Yindee Tee Dai Ruejak Krab/Ka) インディー ティー ダイ ルーゥチャック クラッ（プ）／カー

みな、そうだと思います。

このように、タイ語を勉強してマスターできないことを痛感することによって、かえって、英語のシンプリシティ（単純さ）の美しさや優れたところがよく分かるわけです。逆説的ですが、「英語は非常に便利なのだな」と感動を覚えます。あそこまで進化したシンプルな言語がつくれたのは、すごいと思います。

そういう意味で、感じ方はいろいろあるかと思いますが、第一外国語以外に手を出してみてもよいでしょう。

英語以外の言語も勉強することのメリット

第二外国語の場合は、大学で勉強しても、卒業して社会人になって使わないでいるうちに、ほとんどできなくなっていきます。実は、そういう人ばかりなのです。

私は、大学時代、大蔵省《おおくら》（現財務省）に入った人と一緒にドイツ語を勉強していましたが、その彼が入省して三年か五年ぐらい経《た》った頃、フランクフルト駐在の辞令が出たということで、「ヒエーッ、ドイツ語をもう一回勉強しなければいけない。全部忘れちゃったよ」と、叫んでいたのを覚えています。

大学の教養学部で一生懸命に勉強しても、卒業して三年か五年も経たないうちに、ほとんど忘れているのです。それは、私も同じ状態ですけれども、当時、彼には、忘れているということで、「もう一回やり直さなければいけない」という恐怖がかなりあったようです。

語学には、そういうところがあります。確かに、頭がよければ語学の勉強ができることもありますが、使わないでいると忘れるのも早いのです。

昔、次のような話を聞いたことがあります。

東大文学部でフランス語では天才的と言われた人に、前田陽一《よういち》という人がいます。パスカルの『パンセ』を訳したり、『世界の名著』(第29巻パスカル)を編集したりしたことで有名なフランス文学者で、東大の名誉教授にもなっています。

この人は、東大生のとき、法学部に友人がいたそうです。その友人は大蔵省に入ったのですが、学生時代は、友人のほうがフランス語はよほどできたらしいのです。

ところが、卒業して何年か経ったら、友人のほうは、「フランス語は全部忘れてしまった」と言っていて、その人よりできなかった前田陽一のほうは、フランス語の文献翻訳《ほんやく》をして、非常に有名な学者になっていったのです。

ですから、「時間を短縮して要領よくマスターする」という意味では、頭の切れというか、才能というものはあるかと思いますが、かと言って、フランス語に才能があるわけではないのです。使わないものは全部〝オケラ〟になって消えるということです。

私は、学生時代にやったドイツ語を今もやっていますが、まだ元のレベルまで戻らないので、やはり、厳しいなと感じています。これは、おそらく、まだ英語が引っ掛かっているからではないかと考えています。

そのように、とうてい完成しないものもあろうかと思いますが、やらないよりは、やったほうがよいでしょう。少しでもやったことがあると、よいことがあるのです。

私も、学生時代にはマスターできませんでしたが、ドイツ語やフランス語や中国語は、ラジオ講座などを聞いたりして一応かじったことがあり、少しでもかじったことがあると、何かのときに取っ掛かりができることがあります。

やはり、やらないよりは、やったほうがよいでしょう。そして、やるなら、何もできないよりは、少しだけでも「分かるもの」「話せるもの」「聞き取れるもの」があったほうがよいと思います。

あとは、よく言っているように、「別の言語を勉強することによって、その言語を母国語とする人の、訛《なま》りのある英語が聞き取りやすくなる」というメリットがあります。その意味でも、多言語をかじっておくことは、それほど悪いことではありません。

私は、数年前インドに行き、英語で説法をして質疑応答も行いました。インド人の訛りはマスターできませんでしたが、事前にヒンディー語やマラティー語なども勉強していたので、何となく訛りが分かりました。

はっきり言って、インド人の英語は〝曲がって〟いるのですが、その曲がり方の法則が何となく分かるのです。私は、ヒンディー語もマラティー語も話せませんが、「英語の曲がり方が分かる」という意味では、やらないよりは、やったほうがよかったかな」という感じはありました。

大学時代は、一通り基礎的なことをやっておく程度でよい

しかし、諦《あきら》めも要るでしょう。日本語でも、NHKのドラマで、会津弁《あいづべん》や薩摩《さつま》弁を使われたら、やはり分からないでしょう。聞き取れません。方言《ほうげん》でまともに一分以上話されたら、たまらないのです。何を言っているか分かりません。一言二言なら何となくニュアンスは分かりますが、会津弁も薩摩弁も、一分ぐらい話されたら、何を言っているか分からないのです。

同じ日本語でも、方言になると分からないのですから、外国語のマスターが難しいのは当然なのかなという気はします。

とはいえ、語学には、私が「うれしい」と感じるというか、好きなところがあります。それは、努力すると、必ず何らかの〝お駄賃《だちん》〟があるところです。

必ずしも「努力に比例する」とは言えないのですが、やった分だけ、何か、かすかに〝貯金〟が貯まります。それは〝一円玉〟かもしれないし、〝五円玉〟かもしれないし、〝十円玉〟かもしれませんが、やったらやった分だけ、何か〝貯金〟が貯まるので、「フェアな学問で、うれしいな」という感じがします。

そういう意味で、語学は、暇《ひま》つぶしにはもってこいです。語学を娯楽《ごらく》にすればよいと思います。役に立たなくても、頭には何らかの刺激《しげき》になって、どこかで必ず何らかの貯金になっています。

ただ、使いこなせるようになるまでいくのは、やはり、並大抵のことではありません。使いこなそうと思ったら、最低一万時間ぐらいはかけないといけません。新しい言語の場合、そのくらいやらないと、使えるところまでいけないのです。

一万時間を生み出すのは、おそらく、それほど簡単なことではないでしょう。一万時間かけたら、ある程度、使えるようになると思いますが、それほど簡単にはつくれないと思うので、それぞれの人の立場に合わせて、見切りが大事なのです。

大学で第二外国語をやる場合、いろいろな言語があると思いますが、マスターするところまではいかないでしょう。

ただ、一応、一通り基礎的なことをやっておけば、卒業後、職業上必要が生じて勉強し直すとき、それがスタートラインというか、足場になります。そして、専門的な勉強を進めて積み重ねていけば、できるようになります。

ですから、大学時代に、その足場の部分だけでもつくっておけば、よいのではないでしょうか。

「第二外国語はマスターできない」と英語に絞《しぼ》り込んだ上智大学

天才的な人もいるかもしれないし、職業によっても違うのかもしれませんが、渡部昇一《わたなべしょういち》さんの話を聞いてみても、そう思うのです。

上智大学は、「英語を話せないのに、ほかの外国語をやる必要はない」という基本方針だったらしく、それで絞《しぼ》り込んで英語中心にしたところ、「上智の卒業生は、とにかく英語ができる」という噂《うわさ》が立って、企業からの評価が高くなりました。「第二外国語はマスターできない」ということで、英語に力を入れたわけです。

実際、渡部昇一さんの本を読むと、「大学の四年間は、英文学科だから、もちろん英語の授業がたくさんあったが、ドイツ語も一応あったので、取ってみた。

しかし、週に一回だけだった」「大学院に入り、修士課程では、英語で論文を書いたけれども、ドイツ語の授業はなくなり、ゼロになってしまった」ということが書かれています。

さらには、「大学二年生のとき、アメリカ留学の話があったが、成績はいちばんよかったのに、自分より成績の悪い人が留学生として選ばれた。『その人のほうが社交性があり、着ているものが清潔《せいけつ》だ』という理由により、自分は落とされた」ということを、何十年も経ってから、悔《くや》しそうに書いています。

渡部さんは、学生時代、いつもみすぼらしい服装で通っていて、靴も底に穴があいているものを履《は》いていたらしいのですが、大学の先生から、「こんな学生をアメリカには送れない」ということで、反対されたのです。よほど悔しかったのでしょう。英文学科の学生なら、英語圏に行きたかっただろうと思います。アメリカに留学できるとなれば、さぞかし、天にも昇《のぼ》る気持ちになったでしょうが、落とされたのです。

英語ができたことで、半年でドイツ語をマスターできた渡部昇一氏

その後、大学院に入ってからは、ドイツ語の授業はなかったそうですが、個人的にはチョコチョコと勉強していたようです。そして、あるとき、「ドイツに留学できる枠が空《あ》いた」ということで、学校の先生に呼ばれます。ドイツの新聞のコラムか何かを渡され、「これを訳してみなさい」と言われるのですが、前の日にたまたま勉強していた難しい単語が入っていて、それをきちんと訳せたため、「これが訳せるのか。なかなかできるな」ということになり、それでドイツ留学が決まったらしいのです。

　しかし、大学時代、週一回しかドイツ語の授業を受けていないようでは、本当は、ドイツに留学して博士《はくし》論文を書くというのは少し無理だと私は思います。それでも、渡部さんはドイツに行かれました。

　最初は、ドイツの先生も、ドイツ語が話せない留学生が来て、驚いたようですが、英語で書いた修士論文を日本から取り寄せ、英語が書けるところを見せたら、「博士論文を始めてよい」と許可が下りたそうです。

　そして、ドイツ語は全然話せない状態だったわけですが、半年間、まずはドイツ語文法を一通りやり直すとともに、関口存男《せきぐちつぎお》の『独作文教程《どくさくぶんきょうてい》』を読んだそうです。これは、私も勉強したことがありますが、独作文についての分厚《ぶあつ》い参考書です。それをやったあと、ドイツ語で博士論文を書き始め、二年で書き終えたらしいのです。

　渡部さんは、本のなかに、「そのとき、日本語で下書きをしなかった。英語で考えて、その英語をドイツ語に置き換えて書いていったので、博士論文を二年で書けた」ということを書いています。「英語で考えた」とのことですから、英語がよくできたことが、かなり力になったのでしょう。

「低地ドイツ語が、ノルマン人の上陸を経《へ》て、今の英語になっていった」というのが定説ですから、英語で文章がつくれるなら、それをドイツ語に直すのは、それほど大変ではないわけです。

「分からない単語だけ英独辞典で引いて、きちんと突き止めれば、ドイツ語で書ける」ということで、ものすごく時間短縮をして三百ページに及ぶ論文を書き上げ、しかも、その英文法史に関する論文を現地で出版されたのです。

そういうことを本に書いていますが、こういう方もいるのです。

おそらく、英語ができたことが、語学のセンスをそうとう上げたのでしょう。

だからこそ、ドイツ語が少ししかできなかったけれども、ものすごい速度で急速回転して、マスターできたのだろうと思います。

英語なら英語で、ものを考えられるようになっていれば、例えば、会話をするときに、英語で考えられる頭脳になっていれば、英語に似た言語を話したり、読んだり、書いたりするのは、おそらく早くなるでしょう。似ている部分がかなりあるので、早くなるのではないかと思います。

内容が分かっているものを読めば、マスターするのが早くなる

基本的に、第二外国語もやったほうがよいと思いますが、「第一外国語を、一応、使えるところまでやり込みなさい」ということを言っておきたいし、「第二外国語については、『目標は一応このあたりまで』という見切りをつけておいて、卒業後、もし必要なら、さらに作業として掘り込んでいけるような基礎工事のと

ころだけは、しっかりやっておきなさい」ということを言っておきたいと思います。第一外国語が全然使えない状態で、第二外国語以降に同じぐらいの時間をかけるのは、少し効率が悪いのではないでしょうか。

私は、今のところ、あと何十年かやるつもりでいるので、言語については、五年に一つでも覚えられたら、幾《いく》つかできるようになる可能性があると考えています。「老後の楽しみ」と思って、たくさん網《あみ》を張って勉強しているので、長生きすれば、きっと、たくさんの言語が分かるようになるのではないかと思っています。

それと、もう一つ、付け加えておきたいことがあります。渡部昇一さんの話に戻りますが、彼は、ドイツ語を勉強するに当たっては、サミュエル・スマイルズの『自助論』を日本語でも英語でも読み込んでいたので、ドイツ語の『自助論』を読んでみたそうです。「内容はほとんど覚えているから、そのほうが読むのは早いはずだ」と考えたようです。そういう話が何かに書いてありました。

みなさんも同じ手を使えます。今、国際本部のほうで私の本をいろいろな言語に訳してくれているので、第二外国語の勉強として、私の本からどれかを選ぶのであれば、日本語でも英語訳でも読み込んでいるものがよいでしょう。ドイツ語訳でも、中国語訳でも、ポルトガル語訳でもよいのですが、内容が十分に頭のなかに入っているものを読めば、マスターするのが早くなる可能性が高くなるのです。

いろいろなことを述べましたが、第二外国語については、まだ〝免許皆伝《めんきょかいでん》〟になっていない者の発言ですので、割り引きながら聴いてくだされば、ありがたいと思います。

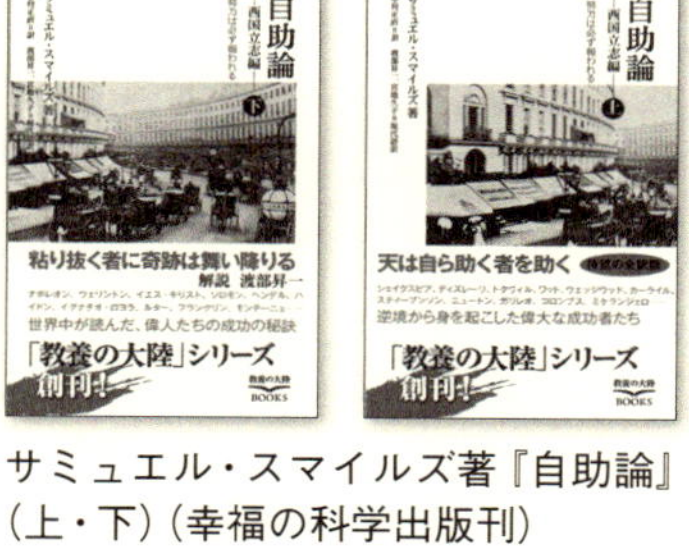

サミュエル・スマイルズ著『自助論』（上・下）（幸福の科学出版刊）

4　英語力を維持・向上させるには

D――　外国語、特に英語で一定のレベルに達した人が、そのレベルを維持していく方法についてお伺《うかが》いしたいと思います。

外国で生活していて、読む・書く・聞く・話す能力が一通り身についたあと、日本に帰ってきますと、真っ先にスピーキングの能力が衰《おとろ》えるのが普通かと思います。

そうしたなか、大川総裁は、先ほど、「鉄下駄《てつげた》で走っているような感じ」とおっしゃいましたが、普段は英語圏ではない日本で生活されながらも、海外に行かれたときは、英語で説法をされています。

そこで、英語を話す能力を維持・向上させるために、総裁が実際に実践しておられることがありましたら、ぜひ教えていただけるとありがたく思います。よろしくお願いいたします。

「ここまでやればよい」という限界はない

大川隆法　今まで話したこと（本書1～3節）と重なると思いますが、まずは、自分の必要レベルというか、どのくらいまで必要かというレベルがあるでしょう。

今は、英語社内公用語化の流れがあって、英語のレベルがだんだん上がってきている企業もあります。英語社内公用語化をして英語のレベルを要求すると、入社してくる人の質が上がってくるらしいので、そのあたりの狙《ねら》いもあるようです。

先ほど例に挙《あ》げた楽天も、最初はＴＯＥＩＣ《トーイック》六百五十点が採用条件だったのですが、七百点になり、七百五十点になり、今は八百点を要求しているようです。

しかし、「別の面では、仕事の能力が落ちてきている」という説も別途あります。「みな、英語をやっていて、ほかのことができなくなっている」という話もあるので、そのあたりは、まだ将来を見ないと分かりません。

ですから、「自分の必要レベルは、どのあたりか」ということと、「将来的に、英語を使うチャンスがあるかどうか」ということも考えなければいけないでしょう。

逆に言えば、英語を使うチャンスが巡《めぐ》ってきたときに、チャンスの女神の前髪をつかまえるだけの準備をしていない人にとっては、チャンスは永遠に来ないこともあるのではないかと思います。

そういう意味で、「ここまでやればよい」という限界はありません。語学の勉強に関して、基本的に、上限《じょうげん》の限界はないのです。

「ここまではやらないと、できなくなる」という下限《かげん》はキープせよ

ただ、下限《かげん》はあります。「ここまではやっておかないと、できなくなる」という下限はあるので、その部分については、キープしなければいけません。

少し緩《ゆる》めるとすぐ落ちていきますが、「下限を維持するために、どのように時間をひねり出していくか」ということは、かなり難しいです。

私は、この前まで、政党（幸福実現党）の政治系のソフトというか、政治系の内容をつくるための説法を数多く行《おこな》っていたので、政治・経済系のインプットがそうとうありました。それは、もちろん日本語が中心です。

そして、選挙（二〇一三年参院選）が終わり、ホッと一息《ひといき》ついたかと思うと、次は、「幸福の科学大学を建てるために、大学のソフトをつくらなければいけな

い」ということで、大学関連のインプットの量を増やさなければいけなくなりました。

そうして大学関連のインプットをやり始めたのですが、「そういえば、タイに行って説法するという話もあった。そうすると、英語も落としてはいけないし、タイ語も、二年ほど前に勉強したが、もう一回勉強し直さないといけない」ということで、今、タイのドラマで、タイ語と英語が〝ちゃんぽん〟になっているものをＤＶＤで観《み》たりしていますが、なかなか難しいです。聞き取れません。ニュアンス的に、タイ語のなかに何割か中国語が入っていることぐらいは分かります。「諸葛亮孔明《しょかつりょうこうめい》が南下して攻め取った地域に入った中国語が残っているのかもしれない」という感じは分かるのですが、ほとんど、よく分からないのです。

英語については、出演している香港《ホンコン》俳優がやや訛《なま》っている英語を話しているものの、聞き取れる範囲内には入っています。

このように、突如《とつじょ》、必要性が出てくることもあります。そのときに、〝火種《ひだね》〟を消していたら、再点火するのはかなり難しいので、どのような〝暴風雨〟があっても、どれほどほかの仕事が忙しくても、火種の部分は消さないように温存しなければならないのです。

戒律《かいりつ》と言ってよいかどうかは分かりませんが、自分を律する部分で、何か一定のものを自分に載せ続け、勉強を続けないといけないと思います。

英語も本当は難しいです。読んでも、聞いても、分からない言語です。いくら勉強しても、分かるようには全然なりません。やはり難しいのであって、上限を見たら、きりがないのです。もう分からないことだらけです。

先ほども述べたように、会津弁《あいづべん》や薩摩《さつま》弁のことを思い出し、「分からなくても日本人ではいられるのだから、英語でも、そういうことはあってもよいかな」と思って、分からないことに耐えなければいけません。下のほうの〝ぬるい〟英語で満足している人もいますが、上を目指せば、きりがなく、全然分からないのです。

「知識の幅」を広げないと、「英語の幅」も広がらない

最後は、英語との接触面積を一定以上、保《たも》たなければいけないのと同時に、先ほども述べたように、知っている幅をできるだけ広げていく努力を、日本語でもよいので、ずっと続けていかなければいけません。そうしないと、英語の幅は広がらないのです。

最近は、政治や国際情勢に関する法話や霊言《れいげん》も増えてきていますが、私も、日本語で、ある程度の知識がなければ、やはり話はできません。また、日本語で知識があるものについては、英語の単語や文を見ても、それを知ろうとする努力が

ありますが、日本語で知識がないものだったら、英語を見たとき、難しくて、覚える気がなかなか起きないのです。

私は、英語でも、いろいろとやっていますし、各種の英語のテストもやっていますが、いちばん難しいと感じたのは、ミシガン工科大学の英語です。理科系の英語がズラズラと並んでくると、専門ではないので、さすがに難しいです。

理系の人は「あんなの簡単だ」と言って笑うかもしれませんが、私にとっては日本語での知識がない、理科系の化学や工学やテクノロジーの英語がたくさん出てくると、さすがに分かりません。読めないのです。

もし、私が科学技術系の英語をマスターしようとしたら、まずは日本語での知識を増やし、日本語で理解できる範囲を広げると思います。日本語で分からないような言葉については、英語でも理解できないので、まずは「日本語でどういう概念があるか」を理解しようとするでしょう。その次に、英語で、それに当たるものを覚えていこうとすると思います。

やはり、英語だけで覚えるのは少し厳しいというか、読み下《くだ》せないのではないでしょうか。

したがって、常日頃《つねひごろ》から、分かる範囲の外縁《がいえん》を広げていく努力をすることが大事です。毎年、年を取るにつれて、知識の蓄積を増やしていくことは可能であり、これは時間の問題です。勉強の時間が増えれば増えるほど、蓄積は増やせるので、知っている範囲を増やしていくのと同時に、「一定の時間を、何とかしてひねり出す」という努力をすることが大事かと思います。

その意味で、何をやっても、本当は無駄《むだ》ではありません。

今は、時事英語というのはけっこう多く、時事英語が分からないと英字新聞は読めません。日本語の新聞の政治・経済・国際欄《らん》が読めないような人は、外国に留学しても、英字新聞は読めないのです。また、日本に帰ってきても、英語でそういうことは話せないし、聞けないのです。本当に理解していない場合は、話せないわけです。

やはり、どうしても、分かる範囲を広げなければいけません。自分の専門分野について知識を積み重ねていくことが大事ですが、それ以外のところについても、少しずつ楔《くさび》を打ち込んで、何かを知ろうと入っていくことです。英語でも日本語でも構いませんが、そういう努力は要《い》るのではないかと思います。

自分より英語ができる人を恐れるな

私の場合、たまにしか英語を話さないので、放っておけば落ちていく一方になります。

今、当会の職員も、英語を一生懸命に勉強しています。内部の英語試験もあって、厳しい〝しごき〟があるようですが、「ああいうもので一生懸命に勉強されたら、参考書をつくった人よりも、試験を受けている人のほうがよくできるようになるのではないか」と、私も心配になってきます（笑）。そのくらい猛勉《もう》強をしている人がたくさんいて、とても〝怖い〟状況ではあります。

ただ、みなさんのなかには、自分より英語ができる人に対して、「職人的な感じがして嫌いだ」という人もいるのではないでしょうか。これは、ほかの学科や技術においても同じことが言え、「自分の得意な範囲と、同じところがよくできる人は嫌い」という人はわりに多いと思いますが、もし、そういう傾向が自分のなかにあったら、それを取り除く必要があります。

幸福の科学大学には、学長や副学長、学部長等、いろいろな役職者がいます。彼らがどのくらい英語ができるのか、私は知りませんが、もし、「自分より英語ができる人は、学生として受け入れない」というような思いを持っていたら、学生は、おそらく英語ができるようにはならないでしょう。「自分が英語をできるようになったら、英語のできる学生も大学に入ってきてくれても構わない」というようになったら、終わりだと思うのです。

教育者は生徒に乗り越えられることに耐えよ

教育者の本質とは、やはり、自分よりできない人を教えるだけでは駄目《だめ》で、「自分を乗り越えていけ」ということです。そういうミッションに耐えられなければいけません。「私も一生懸命に頑張るが、能力に限界は当然あるから、おそらく、いちばん上まではいけないだろう。しかし、君たちは私を乗り越えていけ」と言えるぐらいの太《ふと》っ腹《ぱら》でなければ駄目なのです。

まさに「出藍《しゅつらん》の誉《ほま》れ」です。「青は藍《あい》より出《い》でて藍より青し」という、出藍の誉れ型でなければいけません。

幸福の科学大学が「国際部門に力を入れる」と言っても、教える人が限界になって、「自分よりできる人が、学生から出てきたら困る」とか、「入学してきたら困る」とか、「よその大学へ行ってください」とか言うようでは駄目で、自分よりできる人に、その人用の課題を与え、伸ばすぐらいの力は要《い》るのです。

高校や中学には、それをすでに経験している先生は大勢いると思います。

幸福の科学学園でも、高一で英検準一級を取る学生が出ているし、仏法真理塾「サクセスNo.1」でも出てきています。今、文部科学省が、中学・高校の英語の先生に

幸福の科学学園関西中学校・高等学校

幸福の科学学園中学校・高等学校（那須本校）

「できれば英検準一級を取りましょう」と奨《しょう》励《れい》しているところですが、中学ではまだ半分もいっていません。準一級を取っていないのに教員をしている人は、「高一で準一級を取られたら、このあと、どうやって教えたらよいのか」と思うでしょう。

しかし、それで、「高一で準一級を取ったから、その生徒をいじめ倒して、転校させてやろう」などと思うようだったら、教師としては失格です。そうではなく、「自分が教えた生徒のなかから、自分よりできる人が出てくるのは、出藍の誉れであり、うれしいな」と捉《とら》えることが大事なのです。

これは、幸福の科学大学でも同じです。「ここはレベルが高いらしい」ということで、留学生もたくさん来るでしょうが、それで恐れをなして、自分より下に

サクセスNo.1東京本校
（戸越精舎）

抑え込もうとするようであっては駄目なのです。

どうしても、生徒に追いつかない部分、あるいは、生徒に超えていかれる部分は出てくるでしょうが、それに耐えられなければ、「教育者である」というのは無理だと思います。

私も海外で説法をしていますが、英語が母国語の所であれば、聴いている人のほうが私より英語ができるのは当たり前です。英語が母国語ではない所もあるので、その場合は少し違うかもしれませんが、そういう所だと、生まれてからずっと英語を使っているので、私より当然できるわけです。

私より英語ができる人に英語で話を聴かせなければいけないため、プレッシャーはそうとうなものになりますが、内容で何か印象的な話をするとか、何か参考になる話をするとか、下手《へた》でも熱意が伝わるようにするとか、そういうことを心がけています。みな、ある程度、霊感は持っているので、そのあたりの気持ちは伝わっていくのです。これを忘れないようにすることが大事かと思っています。結局、自分より英語ができる人を恐れないことが大事です。世の中には、自分より英語ができる人が大勢いると思いますが、そういう人を恐れないことが、基本的には大事なのです。

自ら進んで「英語を話すチャンス」をつくろう

英語は、やはり、パーフェクトにならないし、最上限にはどうしてもいきません。難しさは無限にあります。

以前、前置詞を中心にした穴埋め型の英語のテキスト『例文暗記・TOEIC英熟語問題集』をつく

『例文暗記・TOEIC 英熟語問題集』

ったとき、「なかの人はどのくらいできるかな」と思い、原稿段階で、宗務本部《しゅうむ》の人たちにテストをしたことがあります。

すると、ＴＯＥＩＣ九百点台半《なか》ばぐらいの人でも、五、六割ぐらいしかできず、受けた人のなかには、五点という人もいました。「そんなに難しかったか」と思いました。テストをやってみて初めて、それが分かりましたが、難しくしたら、やはり難しくなるものです。

なぜ難しいかというと、私が難しいと思うものばかり集めたからです（笑）。そういうものばかり集めたら、やはり難しいらしいということがよく分かりました。難しいものは、難しいのです。簡単にできるものは外《はず》して、難しいと思うものを集めたら、「難しくてできない」ということなので、上には限りはないのでしょう。

したがって、秘訣《ひけつ》などというものは、基本的にはないと思います。

水泳も、畳《たたみ》の上で訓練してもしかたがないので、最後は、海のなかに飛び込むしかありません。ボートから海のなかに飛び込んで、犬かきでも何でもよいので泳ぐという訓練をやらざるをえないのです。

同じように、もし、本当に自分の英語力を落としたくなければ、もう〝飛び込む〟ことです。

当会の職員の場合、国際本部にいれば、海外出張の機会もあるでしょうが、たとえ国際本部にいなくても、学力を上げたければ、あるいは、「自分は大学関係の仕事をしているが、語学教育にもっと力を入れたい。ついては、もう少し自分に刺激《しげき》を与えたい」と思うならば、国際本部へ行って、「君らの説法では生《なま》ぬるいようだ。私が代わりに説法してくるから、海外へ行かせてくれないか」と言い、チャレンジすればよいのです。

そして、例えば、「一カ月後に、外国に行き、幸福の科学大学のＰＲをして帰ってくる」という目標を立てたら、急速に学力は改善され、上がってき始めるでしょう。

このように、「英語が鈍《にぶ》ってきた。鈍《なま》ってきた」と思ったら、アウトプットするチャンスを自分でつくることも大事なのではないでしょうか。そうすると、頑張って英語力を上げなければいけなくなるわけです。

できる人を尊敬し、モチベーションを上げよう

私は、国際本部から、英語の優秀な人がたくさん出てくることを、とてもうれしく思っています。英語がペラペラで、読むのも書くのも話すのも自由自在の人が大勢出てくれると、うれしいのです。それは、自動的に総裁を〝いじめる〟ことになるからです。

海外巡錫《じゅんしゃく》では、私は、「国際本部の職員がたくさんの人を集めたところで講演をする」という厳しい〝試験〟を毎回されているわけで、そのハンディを乗り越えなければなりません。当然、プレッシャーがかかります。そのため、百メートル走ではありませんが、「できるだけ短期間で〝最速〟にもっていく訓練をしなければいけない」ということで、自分に厳しくあれるのです。

ですから、みなさんも、「自分の周りにいる人や身近にいる人、あるいは、専門でやっている人が、学力をつければつけるほどうれしい」という気持ちを持っているとよいと思います。

幸福の科学大学の関係者も、お互いに足を引っ張り合わないように気をつけてください。「学部長を超えてはいけない」「副学長を超えてはいけない」「学長を超えるのは、とうてい許されないことだ」「学園理事長を超えてはいけない」などと考えたら駄目です。一介のヒラ担当者が、ＭＢＡを取った学園理事長を打ち倒すほどの学力を目標にするぐらいであってこそ、大学自体が進化していく力を持つと思うのです。「上の人を抜いてはいけない」などと思ってはいけません。

お互い、そこは頑張りましょう。できる人を嫉妬《しっと》せず、できる人を尊敬して、「あのようになりたいな」と思うことです。できれば、その人に刺激されて、「もっとできるようになりたい」と思うことです。そうありたいものです。

そういう気持ちを持つとともに、さらには、アウトプットするチャンスを自分から進んでつくっていくことです。実はまだ準備ができていない状態であっても、「進んで引き受けて、やろう」という気持ちを持っていれば、必ずモチベーションは上がるし、学力も維持できると思います。

幸福の科学大学に国際コースができたら、英語を教える人が要《い》るので、外部の人を雇《やと》うと思いますが、外部から来る人にはどのくらい学力があるか、本当は分からないところがあります。本当に本気で教えているのでしょうか。今の日本の大学のレベルはかなり低いので、どこかの大学の教養学部で、毎年、同じことを教えている人の学力が、本当に高いかどうかは分からないのです。

また、大学の先生をしているというだけで、試験委員等をしている人もいますが、「自分が受けたら落ちる」という人はたくさんいます。「自分は受けたこともない」という人は大勢いるのです。

たとえ大学の先生を二十年間やっているとしても、「大学には、毎年、新しい人が入ってくるので、毎年、同じことを教えていればよい」というレベルであるなら、学力は上がっていないことが多いのです。

ですから、なかにいる職員たちが、自分たちで自己啓発して、レベルを上げていくことが大事です。そうすれば、外部から来た人は、「うわっ、ここは大変だ。レベルが高いな」と思って、ギュッと引き締まり、勉強せざるをえなくなっていきます。幸福の科学大学の職員には、そういう役目もあるので、自分に厳しくあることが大事です。

どうやって短期間でレベルを上げていくか

基本は、「英語に接触する面積を増やす」ということですが、時間に限界はあるので、最後は、やはり、「どう工夫して短期間でレベルを上げていくか」ということだと思います。

それから、一般的な常識を増やしていかないと、話せる内容は増えません。文学部系統を卒業して、英語の通訳ができるという人でも、例えば、政治や外交のほうで通訳ができるかというと、そう簡単にはできないと思います。

やはり、日本語で政治・外交系統の勉強をそうとうしておかないと駄目なのです。もし、日本語で一応知っていれば、ずばりそれに適応した単語が出ないにしても、それに近い言葉で通訳することは可能なので、「内容を知っている」ということは極めて大事です。

先日、潘基文《バンキムン》国連事務総長の守護霊霊言を録《と》りましたが、事務総長は、英語で「Secretary-General《セクレタリー　ジェネラル》」と言います。国連に関するものを読んだことのない人は、おそらく知らないでしょう。読んだことのある人は知っているけれども、知らない人は知らないのです。

そして、「Secretary-General」という言葉を知らなかったら、彼の守護霊が「secret《シークレット》 general」と言っていることの意味が分かりません。霊言では、「私は〝シークレット・ゼネラル〟だから、それについては答えられない」という冗談を何回も言っていたのですが、「分からない人には、何を言っているのか、さっぱり分からない」という現象が起きていたのです。

ですから、「知っていることをできるだけ増やしていく」というのは大事なことであると思います。

そういう意味で、「どのようなかたちでもよいので、知っていることを増やしていこう」と貪欲《どんよく》に思うこと、そして、時間がなければ、「重要なことから押さえていこう」と考えて、優先順位を決めていくことが大事です。

語学を勉強するといっても、お好《この》み焼きのように、外側に薄く広げるようなことばかりしていると、ものにならないこともあります。大事なことで使える部分がないと、プロフェッショナルとしては通じないので、やはり、何か専門が要るでしょう。「大事なことに関しては使える」というプロフェッショナルの部分は必要だと思います。

いろいろなことをバラバラに知っているだけでは駄目で、キー（鍵）のところはきちんと押さえることです。この押さえる速度の速さが、「マスターの速さ」になるし、実際上、「使える速さ」になります。

私は、「アクセスタイムが短い」のが特徴

私の場合は、英語でも日本語でもそうですが、「アクセスタイムがものすごく短い」というのが特徴です。

例えば、今日、「外国語学習限界突破法」という説法をしようと思ったのは、朝の八時半です。十時半から、ここで説法をしているので、その間《あいだ》、何か準備をしたわけではありません。説法したい題は幾《いく》つもありますが、先行していた幾つかの題を引っ繰り返して、これが出てきたので、今、これをやっている状態なのです。

準備は何もしていません。というよりも、普段から全部準備をしていると言えば、全部準備をしています。つまり、今日の演題を、五通りや十通りに変更され

ても話ができるのです。私は、いつも、そのように並行《へいこう》して、いろいろなテーマを追っているのです。

英語説法や英語霊言も、ときどき回ってくることを知っているので、英語の勉強もやっています。

先日は、大学開学用に「新しき大学の理念」や「『経営成功学』とは何か」等を話しましたが、「英語でやれ」と言われたら、全部英語で話せます。中身さえあれば、どうにでもできるのです。

そういうことで、とにかく内容があり、かつ、英語をある程度使えるレベルにまでしておけば、あとは、完璧を目指さなければ、語彙《ごい》が足りなくても、類似《るいじ》した単語を使ったり、説明を加えたり

『新しき大学の理念』（幸福の科学出版刊）

『「経営成功哲学」とは何か』（幸福の科学出版刊）

することで、きちんと話が通じるようにはできます。

しかし、内容が分からないものについては、話すことはできないし、聞き取ることもできません。そのことは知っておいたほうがよいでしょう。

これ以外の専門的なことについては、英語がよくできる人にお訊《き》きになったほうがよいかと思います。

「自分の考え方を人に伝えられるレベル」を目標に置こう

ちなみに、先ほど述べた、ＴＯＥＩＣが九百点台半ばぐらいの人でも五割程度しかできなかった試験ですが、私のほうは、どう見ても八割以上はできるので、「自分は、もう少し難しい部分まで知っているらしい」という感じは得ました。

ですから、自分なりに要求レベルを設定して、日頃からチャレンジしていくことが大事です。

この世には、英語力を測《はか》るものがいろいろあると思いますが、社内試験や昇進試験などでよい点数を取ることだけが最終目標では、やはり、人生はさみしいと思います。

そうではなく、もう一段、上のものを目指すべきです。つまり、自分の考え方を人に伝えるために、自分の中身を高めると同時に、それを伝えられるレベルを目標に置いて、やるとよいと思います。

上限については限界がありません。「志《こころざし》」のレベル次第だと考えます。

それから、みなさん全般に言いたいことは、「できる人に嫉妬しないことが大事である」ということです。よくできる人がいたら、「あのようになりたいものだな」と思うことです。そうすれば、あなたはその人に近づいていきます。そして、持ち時間がそれほどなければ、持ち時間を工夫して、中身を濃くする以外に方法はありません。

先般、大学用の英会話テキストとして、当会の職員のほうで『実戦英会話入門［上級編］』をつくってもらいましたが、けっこう分《ぶ》厚《あつ》くて、内容も濃いものができていました。

これは、五人の職員が英語で議論したものを収録したものです。何時間かかったかは知りませんが、みなさん、けっこう難しいことを話していて、「けっこうできるんだな」と思って感心しました。

あれだけの学力が本当にあるなら、もっともっと仕事ができるはずで、世界各地から、講演の依頼で引っ張りだこになるでしょう。私が、外国語で説法することから引退する時期は近いのかもしれないと思いました（笑）。

『実戦英会話入門［上級編］』（国際本部編）

あれだけの学力が本当にあるのかどうか、よくは知りません。準備がどれだけ要《い》ったかにもよるとは思いますが、準備がなくて、あのくらいできるのであれば、いろいろなところで自由にできるはずです。あとは、志の問題かと思います。

上限は、やはり、そう簡単には設定できません。志次第です。志を持たなければ駄目になります。

その際、あまりネガティブな考えは持たないほうがよいでしょう。自らの志を上げる意味で、「自分は大したことない」と思うことは構いませんが、そう思うことが、勉強しない言い訳にならないようにしたほうがよいのです。

やはり、やればやっただけ、成果は必ず出てきます。伸び悩むときもありますが、何事にも、「プールから飛び込んで、水面から顔を出すまでの間、潜《もぐ》っている時期」というのはあります。どのような仕事にも勉強にも、伸びない時期はありますが、それに耐えなければいけません。やり続ければ、必ず実力は出てくるのです。

例えば、最初の質問で、英文法の話をしましたが、「文法が少し弱ってきたな」と思ったら、英文法の本を一カ月ぐらい勉強し直してみることです。そのあと、英語を話してみると、文法的により正確になっていたりします。やることに無駄は何もないのです。

あとは「意地」です。「志」と「意地」、そして、「できる人に嫉妬しない」ということだと思います。そういう方針が大事です。

大学内には役職の上下があると思いますが、その上下は学力と連動しなくても構いません。どこからでも突き抜けることが大事です。そうでなければ、学生がかわいそうです。「どんなに優秀な学生が来ても、任せなさい」という感じでしょうか。

自分はできなくても、その人が勉強すべきものは何であるかを教えてあげることはできる。これだけでも、教師としては役に立ちます。

「君はできすぎて、ほかの学生と同じにはならないけれども、君には、これをやることを勧《すす》める」と言えるところまでいかないといけません。「上にいる人たちが達人の域に達するまでは、授業を始められない」というようなことであってはいけないのです。

そのあたりについては、お互い、心を引き締めて頑張りたいものだなと思います。

あとがき

英語をはじめとする外国語の上級者には、必ず職人肌の細かい人がいる。悪意はないのだけれど、そういう先達《せんだつ》に細々《こまごま》と注意を受け続けると、自信をなくし、やる気もなくし、落ち込んでしまう。

私もかつてニューヨークに赴任して一日目、「こんなに英語のできない日本人は見たことがない。」と先輩からコキおろされた。半分は事実だが、半分はイジメである。

まもなく、ニューヨークの英会話のベルリッツ校では「ニューヨークには日本の会社が東大出のエリートを続々送り込んでくるが、君みたいな人は一人もいなかった。使える教材がない。」と言われた。ニューヨーク市立大学の大学院のゼミの入室面接でも、教授から「パーフェクト・イングリッシュ」と判定された。しょせん人間の評価なんてこんなものだ。気にせずに自分の道を突き進むことだ。脳の活性化と老化防止ぐらいにはなると思っておけば、失うものは何もないはずだ。

ビー・ポジティブ！　スィンク・ビッグ！　でいこう。

二〇一四年　九月三日

幸福《こうふく》の科学《かがく》グループ創始者兼総裁《そうししゃけんそうさい》
幸福《こうふく》の科学大学創立者《かがくだいがくそうりつしゃ》　大川隆法《おおかわりゅうほう》

『外国語学習限界突破法』大川隆法著作関連書籍

『国際伝道を志す者たちへの外国語学習のヒント』（幸福の科学出版刊）
『プロフェッショナルとしての国際ビジネスマンの条件』（同右）
『英語が開く「人生論」「仕事論」』（同右）
『教育の法』（同右）
『潘基文国連事務総長の守護霊インタビュー』（同右）
『渡部昇一流・潜在意識成功法』（同右）
『英語界の巨人・斎藤秀三郎が伝授する 英語達人への道』（同右）

※左記は書店では取り扱っておりません。最寄りの精舎・支部・拠点までお問い合わせください。
『ＴＯＥＩＣを受験する人たちへ』（宗教法人幸福の科学刊）

『黒帯英語への道』（全十巻・同右）
『黒帯英語初級』（全十巻・同右）
『黒帯英語二段』（全十巻・同右）
『黒帯英語三段』（①〜⑥・同右）
『句動詞中心・英検準1級合格対策』（同右）
『例文暗記・TOEIC英熟語問題集』（同右）

外国語《がいこくご》学習《がくしゅう》限界《げんかい》突破《とっぱ》法《ほう》

2014年 9月5日　初版第1刷

著　者　　大《おお》川《かわ》隆《りゅう》法《ほう》

発行所　　幸福の科学出版株式会社

〒107-0052 東京都港区赤坂2丁目10番14号
TEL(03)5573-7700
http://www.irhpress.co.jp/

印刷・製本　株式会社　堀内印刷所

落丁・乱丁本はおとりかえいたします

ISBN978-4-86395-543-1 C0082

写真：© takasu-Fotolia.com、EPA＝時事、AP/アフロ

黒帯英語二段

【全10巻】

日本人がネイティブに対して引け目を感じることのない、英語上級者を目指す。応用例やヒネリを入れた英文例を満載。教養ある会話を英語で楽しみたい人へ。

CD（①～⑥）
※⑦～⑩順次
発刊予定

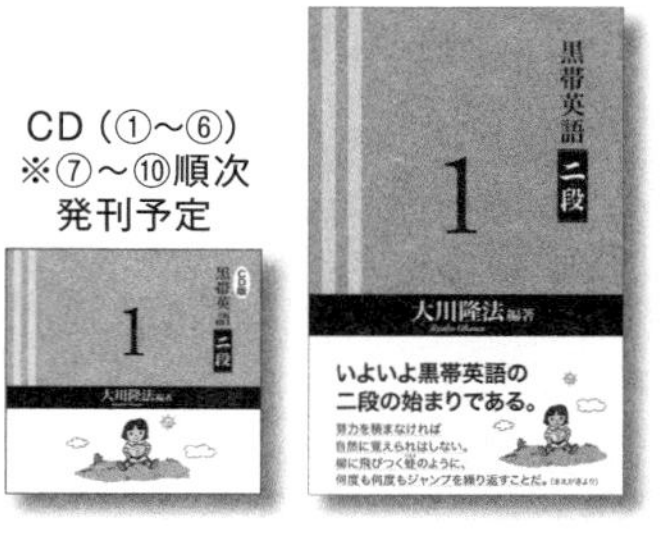
黒帯英語 二段
1
大川隆法 編著
いよいよ黒帯英語の二段の始まりである。

黒帯英語三段

【①～⑥】

英米のインテリ層にも勝るプロフェッショナルな言い回しができるようになることを目指す人へ。

黒帯英語 三段
1
大川隆法 編著
「黒帯英語三段」、第一巻!!

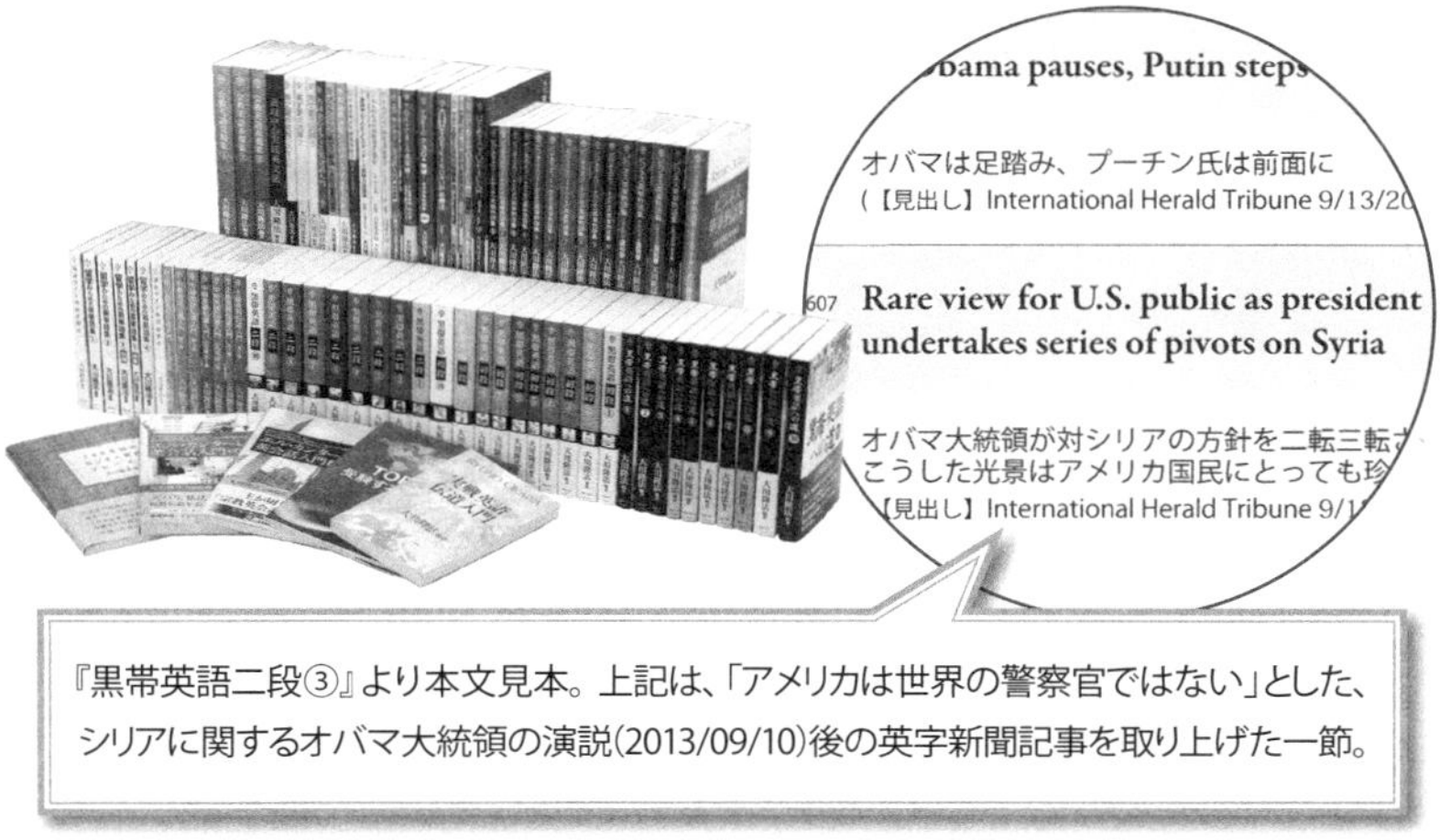
bama pauses, Putin steps
オバマは足踏み、プーチン氏は前面に
（【見出し】 International Herald Tribune 9/13/20
607
Rare view for U.S. public as president undertakes series of pivots on Syria
オバマ大統領が対シリアの方針を二転三転
こうした光景はアメリカ国民にとっても珍
【見出し】 International Herald Tribune 9/1

『黒帯英語二段③』より本文見本。上記は、「アメリカは世界の警察官ではない」とした、シリアに関するオバマ大統領の演説（2013/09/10）後の英字新聞記事を取り上げた一節。

宗教法人幸福の科学刊・非売品

国際伝道を志す者たちへの外国語学習のヒント

言語だけでなく、その国の文化・歴史・文学に精通し、各人の人生全般の問題に答えられること——幸福の科学大学が目指す国際人材の指標が示される。

1,500円

プロフェッショナルとしての国際ビジネスマンの条件

実用英語だけでは、国際社会で通用しない！　語学力と教養を兼ね備えた真の国際人を目指し、日本人が世界で活躍するための心構えを語る。

1,500円

英語が開く「人生論」「仕事論」

知的幸福実現論

あなたの英語力が、この国の未来を救う！　国際的な視野と交渉力を身につけ、あなたの英語力を飛躍的にアップさせる秘訣が満載。

1,400円

※表示価格は本体価格（税別）です。

大川隆法ベストセラーズ・霊言から学ぶ、英語上達への道

渡部昇一流・潜在意識成功法

「どうしたら英語ができるようになるのか」とともに

英語学の大家にして希代の評論家・渡部昇一氏の守護霊が語った「人生成功」と「英語上達」のポイント。「知的自己実現」の真髄がここにある。

1,600円

英語界の巨人・斎藤秀三郎が伝授する英語達人への道

英語で悩む日本人、必読！　明治・大正期の英語学界の巨人・斎藤秀三郎に、海外留学することなく「使える英語」を習得する道を学ぶ。

1,400円

実戦英語仕事学

木村智重 著

国際社会でリーダー人材になるために欠かせない「実戦英語」の習得法を、幸福の科学学園理事長・木村智重が明かす。

1,200 円

幸福の科学出版

大川隆法最新刊・幸福の科学大学シリーズ

「経営成功学の原点」としての松下幸之助の発想

「ダム経営」「事業部制」「無借金経営」。
経営の神様・松下幸之助の姿勢に学ぶ、
真剣勝負の経営法！

1,500円

「人間学概論」講義

人間の「定義と本質」の探究

人間は、何のために社会や国家をつくっているのか。人間は、動物やロボットと何が違うのか。「人間とは何か」の問いに答える衝撃の一書。

1,500円

西田幾多郎の「善の研究」と幸福の科学の基本教学「幸福の原理」を対比する

既存の文献を研究するだけの“二番煎じ”の学問はもはや意味がない。オリジナルの根本思想「大川隆法学」の原点。

1,500円

※表示価格は本体価格（税別）です。

大川隆法最新刊・幸福の科学大学シリーズ

「幸福の心理学」講義

相対的幸福と絶対的幸福

現在の心理学は、不幸の研究に基づいているが、万人に必要なのは、幸福になれる心理学。「絶対的幸福」を実現させる心理学に踏み込んだ一書。

1,500円

「成功の心理学」講義

成功者に共通する「心の法則」とは何か

この「成功の心理学」を学ぶかどうかで、その後の人生が大きく分かれる！　「心のカーナビ」を身につけ、「成功の地図」を描く方法とは？

1,500円

幸福学概論

個人の幸福から企業・組織の幸福、そして国家と世界の幸福まで、1600冊を超える著書で説かれた縦横無尽な「幸福論」のエッセンスがこの一冊に！

1,500円

幸福の科学出版

Noblesse《ノーブレス》 Oblige《オブリージ》

「高貴なる義務」を果たす、
「真のエリート」を目指せ。

幸福の科学学園

中学校・高等学校（那須本校）

Happy Science Academy Junior and Senior High School

「私は、
教育が人間を創ると
信じている一人である。
若い人たちに、
夢とロマンと、精進、
勇気の大切さを伝えたい。
この国を、全世界を、
ユートピアに変えていく力を
出してもらいたいのだ。」

（幸福の科学学園 創立記念碑より）

幸福の科学学園 創立者
大川隆法

幸福の科学学園（那須本校）は、幸福の科学の教育理念のもとにつくられた、男女共学、全寮制の中学校・高等学校です。自由闊達な校風のもと、「高度な知性」と「徳育」を融合させ、社会に貢献するリーダーの養成を目指しており、2014年4月には開校四周年を迎えました。

Noblesse《ノーブレス》 Oblige《オブリージ》

「高貴なる義務」を果たす、
「真のエリート」を目指せ。

2013年 春 開校

幸福の科学学園
関西中学校・高等学校

Happy Science Academy
Kansai Junior and Senior High School

私は日本に
真のエリート校を創り、
世界の模範としたい
という気概に満ちている。
『幸福の科学学園』は、
私の『希望』であり、
『宝』でもある。
世界を変えていく、
多才かつ多彩な人材が、
今後、数限りなく
輩出されていくことだろう。
（幸福の科学学園関西校 創立記念碑より）

幸福の科学学園 創立者
大川隆法

滋賀県大津市、美しい琵琶湖の西岸に建つ幸福の科学学園（関西校）は、男女共学、通学も入寮も可能な中学校・高等学校です。発展・繁栄を校風とし、宗教教育や企業家教育を通して、学力と企業家精神、徳力を備えた、未来の世界に責任を持つ「世界のリーダー」を輩出することを目指しています。

幸福の科学学園・教育の特色

「徳ある英才」の創造

教科「宗教」で真理を学び、行事や部活動、寮を含めた学校生活全体で実修して、ノーブレス・オブリージ(高貴なる義務)を果たす「徳ある英才」を育てていきます。

体育祭

天分を伸ばす「創造性教育」

教科「探究創造」で、偉人学習に力を入れると共に、日本文化や国際コミュニケーションなどの教養教育を施すことで、各自が自分の使命・理想像を発見できるよう導きます。さらに高大連携教育で、知識のみならず、知識の応用能力も磨き、企業家精神も養成します。芸術面にも力を入れます。

探究創造科発表会

一人ひとりの進度に合わせた「きめ細やかな進学指導」

熱意溢れる上質の授業をベースに、一人ひとりの強みと弱みを分析して対策を立てます。強みを伸ばす「特別講習」や、弱点を分かるところまでさかのぼって克服する「補講」や「個別指導」で、第一志望に合格する進学指導を実現します。

授業の様子

自立心と友情を育てる「寮制」

寮は、真なる自立を促し、信じ合える仲間をつくる場です。親元を離れ、団体生活を送ることで、縦・横の関係を学び、力強い自立心と友情、社会性を養います。

毎朝夕のお祈りの時間

幸福の科学学園の進学指導

1 英数先行型授業

受験に大切な英語と数学を特に重視。「わかる」(解法理解)まで教え、「できる」(解法応用)、「点がとれる」(スピード訓練)まで繰り返し演習しながら、高校三年間の内容を高校二年までにマスター。高校二年からの文理別科目も余裕で仕上げられる効率的学習設計です。

2 習熟度別授業

英語・数学は、中学一年から習熟度別クラス編成による授業を実施。生徒のレベルに応じてきめ細やかに指導します。各教科ごとに作成された学習計画と、合格までのロードマップに基づいて、大学受験に向けた学力強化を図ります。

3 基礎力強化の補講と個別指導

基礎レベルの強化が必要な生徒には、放課後や夕食後の時間に、英数中心の補講を実施。特に数学においては、授業の中で行われる確認テストで合格に満たない場合は、できるまで徹底した補講を行います。さらに、カフェテリアなどでの質疑対応の形で個別指導も行います。

4 特別講習

夏期・冬期の休業中には、中学一年から高校二年まで、特別講習を実施。中学生は国・数・英の三教科を中心に、高校一年からは五教科でそれぞれ実力別に分けた講座を開講し、実力養成を図ります。高校二年からは、春期講習会も実施し、大学受験に向けて、より強化します。

5 幸福の科学大学(仮称・設置認可申請中)への進学

二〇一五年四月開学予定の幸福の科学大学への進学を目指す生徒を対象に、推薦制度を設ける予定です。留学用英語や専門基礎の先取りなど、社会で役立つ学問の基礎を指導します。

授業の様子

詳しい内容、パンフレット、募集要項のお申し込みは下記まで。

幸福の科学学園 関西中学校・高等学校

〒520-0248
滋賀県大津市仰木の里東2-16-1
TEL.077-573-7774
FAX.077-573-7775
[公式サイト]
www.kansai.happy-science.ac.jp
[お問い合わせ]
info-kansai@happy-science.ac.jp

幸福の科学学園 中学校・高等学校

〒329-3434
栃木県那須郡那須町梁瀬 487-1
TEL.0287-75-7777
FAX.0287-75-7779
[公式サイト]
www.happy-science.ac.jp
[お問い合わせ]
info-js@happy-science.ac.jp

仏法真理塾

サクセスNo.1

未来の菩薩を育て、仏国土ユートピアを目指す！

仏法真理塾「サクセスNo.1」とは

宗教法人幸福の科学による信仰教育の機関です。信仰教育・徳育にウエイトを置きつつ、将来、社会人として活躍するための学力養成にも力を注いでいます。

サクセスNo.1 東京本校（戸越精舎内）

「サクセスNo.1」のねらいには、「仏法真理と子どもの教育面での成長とを一体化させる」ということが根本にあるのです。

大川隆法総裁　御法話『サクセスNo.1』の精神」より

仏法真理塾「サクセスNo.1」の教育について

信仰教育が育む健全な心

御法話拝聴や祈願、経典の学習会などを通して、仏の子としての「正しい心」を学びます。

学業修行で学力を伸ばす

忍耐力や集中力、克己心を磨き、努力によって道を拓く喜びを体得します。

法友との交流で友情を築く

塾生同士の交流も活発です。お互いに信仰の価値観を共有するなかで、深い友情が育まれます。

●サクセスNo.1は全国に、本校・拠点・支部校を展開しています。

東京本校
TEL.03-5750-0747　FAX.03-5750-0737

名古屋本校
TEL.052-930-6389　FAX.052-930-6390

大阪本校
TEL.06-6271-7787　FAX.06-6271-7831

京滋本校
TEL.075-694-1777　FAX.075-661-8864

神戸本校
TEL.078-381-6227　FAX.078-381-6228

西東京本校
TEL.042-643-0722　FAX.042-643-0723

札幌本校
TEL.011-768-7734　FAX.011-768-7738

福岡本校
TEL.092-732-7200　FAX.092-732-7110

宇都宮本校
TEL.028-611-4780　FAX.028-611-4781

高松本校
TEL.087-811-2775　FAX.087-821-9177

沖縄本校
TEL.098-917-0472　FAX.098-917-0473

広島拠点
TEL.090-4913-7771　FAX.082-533-7733

岡山本校
TEL.086-207-2070　FAX.086-207-2033

北陸拠点
TEL.080-3460-3754　FAX.076-464-1341

大宮拠点
TEL.048-778-9047　FAX.048-778-9047

全国支部校のお問い合わせは、
サクセスNo.1 東京本校（TEL. 03-5750-0747）まで。
メール info@success.irh.jp

エンゼルプランV

信仰教育をベースに、知育や創造活動も行っています。

信仰に基づいて、幼児の心を豊かに育む情操教育を行っています。また、知育や創造活動を通して、ひとりひとりの子どもの個性を大切に伸ばします。お母さんたちの心の交流の場ともなっています。

TEL 03-5750-0757　FAX 03-5750-0767
メール angel-plan-v@kofuku-no-kagaku.or.jp

ネバー・マインド

不登校の子どもたちを支援するスクール。

「ネバー・マインド」とは、幸福の科学グループの不登校児支援スクールです。「信仰教育」と「学業支援」「体力増強」を柱に、合宿をはじめとするさまざまなプログラムで、再登校へのチャレンジと、進路先の受験対策指導、生活リズムの改善、心の通う仲間づくりを応援します。

TEL 03-5750-1741　FAX 03-5750-0734
メール nevermind@happy-science.org

ユー・アー・エンゼル！（あなたは天使！）運動

障害児の不安や悩みに取り組み、ご両親を励まし、勇気づける、障害児支援のボランティア運動です。学生や経験豊富なボランティアを中心に、全国各地で、障害児向けの信仰教育を行っています。保護者向けには、交流会や、医療者・特別支援教育者による勉強会、メール相談を行っています。

TEL 03-5750-1741　FAX 03-5750-0734
メール you-are-angel@happy-science.org

シニア・プラン21

生涯反省で人生を再生・新生し、希望に満ちた生涯現役人生を生きる仏法真理道場です。週1回、開催される研修には、年齢を問わず、多くの方が参加しています。現在、全国8カ所（東京、名古屋、大阪、福岡、新潟、仙台、札幌、千葉）で開校中です。

東京校 TEL 03-6384-0778　FAX 03-6384-0779
メール senior-plan@kofuku-no-kagaku.or.jp

入会のご案内

あなたも、幸福の科学に集い、ほんとうの幸福を見つけてみませんか？

幸福の科学では、大川隆法総裁が説く仏法真理をもとに、
「どうすれば幸福になれるのか、また、
他の人を幸福にできるのか」を学び、実践しています。

入会

大川隆法総裁の教えを信じ、学ぼうとする方なら、どなたでも入会できます。入会された方には、『入会版「正心法語」』が授与されます。（入会の奉納は1,000円目安です）

ネットでも**入会**できます。詳しくは、下記URLへ。
happy-science.jp/joinus

三帰《さんき》誓願《せいがん》

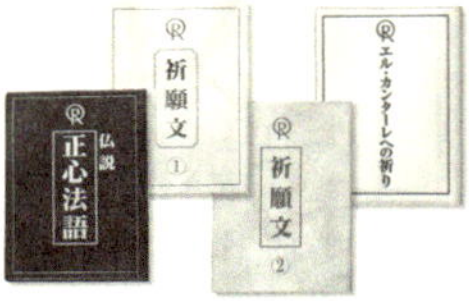

仏弟子としてさらに信仰を深めたい方は、仏・法・僧の三宝への帰依を誓う「三帰誓願式」を受けることができます。三帰誓願者には、『仏説・正心法語』『祈願文①』『祈願文②』『エル・カンターレへの祈り』が授与されます。

植福《しょくふく》の会

植福は、ユートピア建設のために、自分の富を差し出す尊い布施の行為です。布施の機会として、毎月1口1,000円からお申込みいただける、「植福の会」がございます。

「植福の会」に参加された方のうちご希望の方には、幸福の科学の小冊子（毎月1回）をお送りいたします。詳しくは、下記の電話番号までお問い合わせください。

月刊
「幸福の科学」

ザ・伝道

ヤング・ブッダ

ヘルメス・エンゼルズ